KB082386

루이스 헤이의 긍정 확언

Louise Hay

전 세계
5천만 독자의
삶을 바꾼

루이스 헤이의
긍정 확언

루이스 헤이 · 셰릴 리처드슨 지음

최린 옮김

센시오

삶의 즐거운
창조자가 되기 위한 여정

_루이스 헤이

오랜 세월 동안 저와 함께 해온 긍정의 말은 **'좋은 일만이 내 앞
에 놓여 있습니다'**였습니다. 미래에 대한 모든 두려움을 날려버
리고 하루하루 확신을 가지고서 편안하게 깨어날 수 있도록 위
로를 선사하는 말입니다. 저는 삶이 어떻게 이토록 멋진 모험을
가져다주는지 지켜보며 기뻐하고, 때로는 놀라기도 했습니다.

　세릴 씨와 함께 새로운 책을 집필하게 되었다는 소식을 들었
을 때 무척 기뻤습니다. 동시에 많은 질문이 떠올랐죠. 무엇에
관해 써야 할까? 우리 두 사람의 스타일이 어떻게 조화를 이룰
수 있을까? 서로 사는 곳이 너무 먼데, 충분한 시간을 갖고 작업
할 수 있을까?

그런 질문 끝에 저는 삶이 아무런 준비 없이 그렇게 좋은 계획을 제안할 리 없다는 것을 깨달았습니다. 그리고 삶은 정말 모든 준비를 완벽히 해주었습니다.

셰릴 씨와 나는 여러 도시에서 만났고, 한번 만날 때마다 한두 장 분량의 원고를 작업할 수 있었습니다. 직접 만날 수 없을 때는 스카이프를 활용했는데 종종 잠옷 차림으로, 때로는 맨 얼굴에 머리도 제대로 빗지 않은 상태에서 대화를 나누며 마치 한 공간에 있는 것처럼 느끼기도 했습니다.

셰릴 씨와 나, 우리 두 사람은 삶에서 경탄할 정도로 긍정적인 변화를 이루어냈습니다. 그리고 이제 우리가 배운 것을 여러분과 나누고자 합니다. 나 자신에게 건네는 긍정 확언을 통해 우리는 자신을 돌볼 수 있습니다. 일상의 매 순간에 긍정 확언을 활용할 때 내가 선택한 기분 좋은 경험들로 그날 하루를 채우고, 그것이 이어져 더 나은 삶으로 변화시켜 나갈 수 있습니다. 긍정 확언이 삶을 풍요롭게 하는 멋진 경험을 끌어오는 것이죠.

셰릴 씨와 저는 이런 방법들을 가능한 한 편안하고 쉽게 소개하여 여러분이 건강한 몸으로 걱정 없이, 경제적으로 풍요로운 상태에서 즐거운 인간관계를 즐기며 살 수 있도록, 그리고 마음의 평화를 얻을 수 있도록 한걸음 한걸음 도움을 주고 싶습니다.

이 책을 통해서 우리는 여러분이 스스로를 '삶의 피해자'라고 느끼는 감정에서 벗어나 **'즐거운 삶의 창조자'**가 될 수 있도록 그 방법을 안내하고 싶었습니다.

이 책을 한 장 한 장 읽다 보면 여러분은 더 나은 삶을 살 수 있는 길이 있다는 걸 깨닫게 될 것입니다. 딱딱하게 뭉친 어깨에서 긴장이 풀리고, 찌푸린 미간이 부드럽게 펴지고, 긴장감과 두려움이 해소되는 걸 느끼게 될 것입니다.

이 과정은 기쁨을 가져다주는 여행입니다. 목적지를 향해 달려야 하는 경주가 아닙니다. 여러분을 사랑합니다. 여러분이 우리와 함께 특별한 삶을 향한 이 위대한 여정에 나설 때, 우리는 여러분의 든든한 지지자가 될 것입니다.

내가 좋아하는 한마디를 나에게 들려줄 때 인생은 달라지기 시작한다

_셰릴 리처드슨

우리를 창조하고, 존재하게 하고, 서로 연결시키는 보편적인 에너지인 신성한 힘이 있습니다. 이 신성한 힘은 우리의 생각, 말, 행동과 협력하여 우리 삶의 경험을 만듭니다. 우리가 이 자애로운 힘과 협력하는 것을 깨닫고 배울 때, 우리는 자기 운명의 주인이 됩니다. 방법은 간단합니다. **여러분을 기분 좋게 만드는 생각을 하고, 기분 좋게 만드는 선택을 하고, 기분 좋게 만드는 행동을 하는 것입니다.** 그러기 위해서는 무엇보다 긍정의 말이 중요합니다. 여러분이 성장하고 행복해지는 데 필요한 것을 삶이 가져다줄 것이라고 말로 선언하는 것이죠.

이 간단한 말들이 저의 삶의 질을 근본적으로 개선했고, 앞으로 여러분의 삶도 바뀌게 될 것입니다. 여러분이 긍정 확언을 사용하고, 그것을 신뢰하는 법을 배우면 인생은 기적적인 방식으로 펼쳐질 것입니다. 여러분의 삶을 온전하게 만들고 세상에 변화를 가져올 특별한 기회가 여러분과 함께할 것입니다.

삶을 변화시킨 사람과의 특별한 만남

이 책은 저에게 주어진 특별한 기회였습니다.

어느 늦은 오후, 헤이하우스의 CEO 레이드 씨와 만났을 때였습니다. 함께 점심을 먹으며 이런저런 이야기를 나누던 중, 레이드 씨가 갑자기 예상치 못한 제안을 했습니다.

"다음 프로젝트에 대해 생각하는 중이에요. 루이스 선생님과 공동으로 책을 집필해보는 건 어떨까요?"

깜짝 놀란 저는 접시 옆에 포크를 조심스럽게 내려놓고 입에 음식을 가득 담은 채 물었습니다.

"루이스 헤이 선생님이요?"

"네, 루이스 헤이 선생님이요."

루이스 선생님은 자기계발 분야의 창시자로, 저는 20년 넘게 선생님을 알고 있었습니다. 1984년에 출간된 루이스 헤이의 책

《치유You Can Heal Your Life》는 신체의 질병과 우리의 사고방식 및 감정을 서로 연관 지어 설명한 초창기 영성 책이었습니다. 이 책은 전 세계적으로 5,000만 부 이상이 팔리면서 수많은 사람들에게 영향을 주었습니다. 물론 저도 그들 중 한 명이었죠.

더욱이 저는 선생님과 개인적인 인연이 있었습니다. 첫 만남은 1980년대 중반이었고, 청년이었던 저는 메사추세츠 주 캠브리지에 있는 '인터페이스'라는 곳에서 자원봉사를 하고 있었습니다. 인터페이스는 칼 융Karl Jung, 존 브래드쇼John Bradshaw, 버니 시걸Bernie Siegel 같은 사상가들의 가르침을 교육하는 종합 교육 센터였습니다.

루이스 선생님은 인터페이스에서 자신의 책을 주제로 강연할 예정이었고, 저는 선생님을 공항에서 호텔까지 안내하는 일을 맡았습니다. 루이스 선생님을 공항에서 마중한다고 생각하니 너무 떨리더군요. 제 인생에 깊은 영향을 미친 사람을 직접 만난다는 기대감에 불안하기도 하고 설레기도 했습니다.

루이스 선생님은 저서에서 개인적인 깊은 상처까지 다 드러냈고, 덕분에 독자들은 책의 내용이 마치 자신의 인생 이야기 같다고 느끼곤 했습니다. 폭력과 학대로 점철된 과거를 평화와 치유가 가득한 현재로 바꾸는 루이스 선생님의 능력은 제가 스스로 건강한 길을 가는 데 중요한 영감을 주었습니다. 루이스 선생님은 '성장'이라는 개념을 새로운 관점에서 바라보도록 했습니다. 우리가 스스로 삶을 바꾸고 싶다면 먼저 생각부터 바꾸어야 한다는 것이죠.

공항으로 차를 몰고 가면서 저는 흥분을 다스리려고 노력했습니다. 질문을 퍼붓지 말고 충분한 시간을 주어야 한다고 다짐하고 또 다짐했죠. 드디어 루이스 선생님이 비행기에서 내렸고, 저는 게이트웨이로 올라가서 제 소개를 했습니다. 선생님은 웃으며 악수를 청했고, 우리는 함께 차로 걸어갔습니다. 호텔까지 가는 동안 저는 거의 한마디도 할 수가 없었습니다.

그리고 몇 년이 지나 우리는 아주 다른 상황에서 만났습니다. 처음 만났던 시절, 자신이 누구인지 알기 위해 애쓰던 저는 시간이 흘러 이제는 책을 쓰고 다른 사람들을 자기 발견의 여정으로 안내하는 지도자가 되어 있었죠. 이번에 선생님과 다시 만난 곳은 선생님의 출판사 헤이하우스가 주최하는 작가들의 만찬 자리였습니다. 그 만남을 시작으로 우리는 여러 번 만나면서 서로를 좀 더 개인적이고 의미 있게 알아갈 수 있었습니다.

그렇게 시간이 흘렀고 그동안 함께 시간을 보낸 루이스 선생님은 여든네 살의 나이에도 여전히 열정적으로 사람들을 가르치고 있습니다. 특별한 삶을 살도록 하는 생각과 말이 무엇인지 선생님은 누구보다 여실히 보여주는 증인입니다.

레이드 씨의 제안을 곰곰이 되씹으며 제가 첫 번째로 생각한 것은 **'이건 수백만 독자들의 삶뿐만 아니라 내 인생에도 아주 특별한 기회가 될 거야'**라는 것이었습니다.

긍정 확언을 통해 배우는 삶의 진리

저의 삶은 실제로 루이스 선생님에게 배운 지혜로부터 중요한 영향을 받았습니다. 예를 들면, 1년 전에 저는 긍정 확언에 영감을 받아서 매일 아침마다 연습을 했습니다. 그런데 놀랍게도 이 방법을 실천하자마자 뚜렷한 변화가 느껴졌습니다. 하루 종일 기분이 좋았고, 삶에 대한 열정이 더 커졌습니다.

뿐만 아니라, 매일매일 이 방법을 더 오래 연습할수록 저에게 무엇이 필요한지 더 깊게 인식할 수 있었습니다. 몇 달이 흐르자 제가 만들고 있는 긍정의 말들에서 하나의 주제가 보이기 시작했습니다. 특히 한 가지 주제가 늘 중심에 있었습니다.

"나는 영감을 주는 똑똑한 사람들과 함께 세상을 치유하는 프로젝트에 합류해서 창조적으로 일하고 있습니다."

이 긍정 확언에 스스로 놀랐습니다. 나는 '외로운 관리인' 기질을 타고난 사람이라, 통제하는 것을 좋아하고 모든 걸 떠맡는 책임자의 자리를 늘 원했습니다. 하지만 이 방법으로 일을 하면 외롭고 만족감도 낮았죠. 저는 혼자서 삶을 헤쳐나가는 것보다 나에게 자극을 주고 영감을 주는 이들과 함께 일하고 싶다는 생각을 더 많이 하기 시작했습니다. 그러자 삶이 그것을 명확하게 보여주기 시작했습니다.

레이드 씨의 제안에 대해 깊이 고민하면서 내 앞에 열린 문을 통과하겠다고 결심했습니다. 그래서 이렇게 답했습니다.

"네, 루이스 선생님과 함께 책을 쓰고 싶어요. 이제 제가 뭘 해야 하죠?"

몇 주 후에 루이스 선생님과 저는 공동 집필 문제를 논의하기 위해 만났습니다. 우리는 대략적인 윤곽을 만들거나 미리 계획을 세우고 따르기보다는 책이 스스로를 드러내도록 기다리기로 했습니다. 그리고 책은 정말 자신을 드러냈습니다.

루이스 선생님과 나는 우리 삶을 형성해온 영적 원리에 대해 친밀하고도 솔직한 대화를 이어갔습니다. 이 책은 긍정 확언을 통해 우리 자신과 우리의 몸을 사랑하는 것부터, 나이듦이나 삶의 끝자락에 품위 있고 평화롭게 다가가는 방법에 이르기까지 우리가 인생에서 만나게 되는 모든 경험을 담고 있습니다.

이 책에 담긴 긍정 확언과 깊은 대화가 여러분에게 가장 필요한 삶의 습관을 가져다주길 진심으로 소망합니다. 그렇게 될 때, 루이스 선생님과 제가 가장 중요한 보편적 진리로 깨달은 이 사실을 여러분도 곧 발견하게 됩니다.

"삶은 여러분을 사랑합니다!"

Contents

Chapter.1

천천히, 분명하게 긍정의 시간을 향해 걸어가기

"나 자신을 믿을 때 삶은 우리가 원하는 것을 가져다줍니다."

016

Chapter.2

우리는 모두 최고의 삶을 만드는 위대한 창조자

"당신 안의 좋은 것들로 이 세상을 채우고 있나요?"

052

Chapter.3

아침 시간 10분의 긍정 확언이 어떤 하루를 살게 될지 결정한다

"오늘의 첫걸음에 힘을 실어주기 위해
기꺼이 에너지를 사용하세요."

074

천천히, 분명하게
긍정의 시간을 향해 걸어가기

"나 자신을 믿을 때 삶은 우리가 원하는 것을 가져다줍니다."

저는 메사추세츠 주에 있는 저의 집에서 추위에 얼어붙은 풍경을 내다보며 햇빛이 환하게 빛나는 캘리포니아에 사는 루이스 선생님에게 전화 걸 준비를 하고 있습니다. 제 컴퓨터 옆에는 제가 가장 좋아하는 포트넘 앤드 메이슨스 브랜드의 로열 블랜드와 집에서 만든 생 아몬드 우유가 담긴 컵이 놓여 있습니다. 저는 우리의 프로젝트가 이제 곧 시작된다는 생각에 흥분을 감추지 못했지요.

우리가 처음 통화 일정을 잡았을 때, 루이스 선생님은 대화를 나누는 동안 서로 얼굴을 볼 수 있도록 스카이프를 하자고 제안했습니다. 저는 허를 찔린 느낌이었죠. 스카이프? 저는 속으로 외쳤습니다. 정말로? 저는 1년 전에야 그 프로그램을 이용하기 시작했는데, 여든네 살인 루이스 선생님이 스카이프를 언급하다니, 그녀가 얼마나 시대를 앞서가는지 이미 들어서 알고는 있었지만 정말 놀라운 경험이었습니다. 스카이프로 얼굴을 보며 대화를 나누는 것, 이것이 우리의 여정이 될 것 같았습니다.

루이스 선생님을 더 깊이 알아가고, 이 프로젝트를 통해 저의 길을 찾기 위해 노력하면서 저는 그녀의 개인적인 삶의 여정에 대해 너무나 듣고 싶었습니다. 무엇이 선생님을 자기 능력을 키우는 길로 이끌었는지 궁금했죠.

어떤 이정표가 그녀를 이 길로 안내했을까요? 무엇이 그녀를 전 세계 수천만 명의 삶에 깊은 영향을 준 회사를 창립하도록 영감을 주었을까요?

그러나 저의 호기심은 어떤 생각으로 다소 누그러졌습니다. 저는 루이스 선생님이 자신의 저서 《치유》에서 뿐만 아니라 수많은 강연과 워크숍에서 여러 번 자신의 이야기를 들려주었다는 걸 알고 있었습니다. 저 또한 제 자신의 삶에 대해 고백하는 글을 쓴 사람으로서, 그것이 400번이나 같은 얘기를 반복해야 하는 지루한 일이라는 걸 잘 알고 있었죠. 그래서 저는 선생님의 인생에 대해 새로운 시각으로 접근하고 싶었습니다. 나이와 경험을 통해 얻은 지혜에 대해 배우고 싶었죠.

저라면 잘 훈련된 직관으로나 알아챘을 법한 것을 루이스 선생님은 우리의 첫 미팅에서 대화를 통한 인터뷰 형식의 책을 쓰자는 계획을 세울 때 바로 알아차렸습니다. "저는 이미 책을 통해 제 인생 이야기를 충분히 했어요. 그래서 다시 그 얘기를 하는 건 필요하지 않다고 생각해요. 저는 저의 정신적 성장과 연관된 것에 대해서 줄곧 생각해왔어요. 저는 우리가 그런 대화를 나눴으면 좋겠어요."

저는 깊게 숨을 쉬고 미소를 지으며 선생님에게 말했습니다. "좋습니다. 정말 근사한 작업이 될 거예요."

적당한 시간에 루이스 선생님에게 전화를 걸어 비디오 버튼을 클릭하면 우리는 연결됩니다. 그러면 그녀가 거기 있습니다!

루이스 선생님은 환한 미소를 지으며, 코에 안경을 걸치고, 의자 위에 꼿꼿이 앉아서 비즈니스를 할 준비를 하고 있습니다. 몇 분 동안 서로의 근황에 대해 이야기를 나눈 후, 우리는 본론으로 들어가 일을 시작했습니다. 저는 아이폰으로 녹음을 하기 위해 세팅을 하고, 한마디도 놓치지 않으려고 컴퓨터 자판 위에 손을 얹은 채 루이스 선생님이 저의 첫 번째 질문에 대답하는 것을 집중해서 듣습니다. 저의 첫 번째 질문은 "무엇이 선생님을 영적인 길로 들어서게 했나요?"입니다.

"저의 영적 성장은 마흔두 살 즈음에 시작되었어요." 루이스 선생님이 이야기를 시작했습니다.

저는 성격이 아주 유쾌한 영국 남자와 결혼했어요. 그는 제가 어린 시절에 배우지 못했던 사회적 우아함, 기본예절, 세상을 다루는 방식에 대해 알려주었죠. 저는 매우 폭력적인 가정에서 성장했습니다. 우리 가족은 아무 곳에도 가지 않았고, 아무것도 하지 않았습니다. 전 열다섯 살에 집을 나왔어요. 생존을 위한 기술은 배웠지만, 세상을 잘 살 수 있는 방법에 대해서는 배울 기회가 없었어요. 그래서 세상 물정에 밝고 사회생활에 필요한 예의를 갖춘 남자와 결혼했을 때, 정말이지 그에게서 많은 걸 배울 수 있었어요.
우리는 온갖 종류의 멋진 일들을 함께 했어요. 그리고 나에게도 좋은 일이 지속될 수 있으며, 이렇게 영원히 함께할 수 있을 거라고 스스로에게 말했죠. 그런데 그 순간, 그가 제게 이혼을 요구했어요. 저는 모든 게 산산조각 났다고 생각하며 절망했습니다.

"맙소사, 정말 끔찍하고 힘드셨겠어요." 저도 모르게 이런 말이 입 밖으로 나왔습니다.

그랬죠. 제 남편은 유명 인사였고, 우리가 이혼한다는 소식이 모든 신문에 도배됐어요. 정말 고통스런 시간이었는데, 제 입에서 조금도 주저하지 않고 이런 탄식이 흘러나오더군요. "거 봐, 또 이런 일이 벌어졌잖아. 넌 아무것도 제대로 할 수 없어"라고 말이죠.

하지만 지금 그 당시를 돌아보면, 그 결혼은 제가 다음 단계로 나아가기 위해 닫아야 할 중요한 문이었어요. 만약 이혼을 하지 않았더라면, 전 지금의 루이스 헤이가 될 수 없었을 테니까요. 그 대신 그저 순진하고 존재감 없는 아내로, 그러니까 제가 좋은 아내의 모습이라고 생각해왔던 바로 그 모습으로 살았을 거예요. 아마 제가 원래 의도했던 그런 사람으로 살지는 못했을 거예요. 이혼은 제가 그런 아내로 사는 걸 끝내야 할 시간이었던 것이죠.

　　루이스 선생님의 이 말을 들었을 때, 저는 편안하고 무감각한 저의 일상에 갑작스럽고 예기치 못한 파열을 가져왔던 모닝콜 같은 일이 생각났습니다. 끔찍한 가슴앓이, 직장에서 해고된 것에 대한 수치심, 그리고 가족 사업을 완전히 파괴한 화재. 저도 제대로 깨어나기 전에 겪어야 했던 제 몫의 모닝콜을 경험했습니다. 사실 궁극적으로 저를 긴 잠에서 깨운 건 그 화재였는데, 제가 확고하게 영적인 길을 가는 계기가 된 사건이었어요.

　　"이혼 후 그 상실감으로 1년의 시간을 보내고 나니 새로운 문이 열렸어요." 루이스 선생님이 이야기를 이어나갔습니다.

어느 날 제 친구가 뉴욕에 있는 '종교과학 교회 Church of Religious Science' 에서 열리는 한 강연에 저를 초대했어요. 그 친구는 혼자 가고 싶지 않아서 저에게 같이 가겠냐고 물어본 거였는데, 막상 그곳에 도착하니 그 친구는 오지 않았더군요. 혼자 그 강연에 참석할지, 그냥 갈지 결정해야 했고, 고민하다가 그냥 한번 강연을 들어보기로 마음먹었어요. 그래서 거기 그렇게 앉아 있는데, 누군가 "당신의 생각을 기꺼이 바꾼다면 당신은 인생을 바꿀 수 있다"라고 말하지 뭐예요. 그 소리는 낮고 작은 선언문처럼 들렸지만, 제게는 어마어마한 말이었어요. 저의 모든 주의력을 끌어당겼죠.

"왜 그렇게 그 말에 집중하게 되었을까요?"

글쎄요, 잘 모르겠어요. 저는 공부라는 걸 해본 적이 없는 사람이었거든요. 저한테 YMCA에서 하는 수업을 들으러 가자고 계속 권유하던 친구가 있었는데, 저는 정말이지 아무런 관심이 없었어요. 그런데 그때는 이 주제에 관한 어떤 것이 저에게 다가와 말을 걸었고, 저는 그걸 들어보자고 결심했죠. 지금 생각해보면 그 친구가 그 강연에 오지 않아서 모든 것이 완벽했던 것 같아요. 만약 친구와 같이 강연을 들었더라면, 아마 저는 다른 경험을 했을 거예요. 아시겠죠? 모든 것이 이렇게 완벽하답니다.

"모든 것이 완벽합니다." 저는 이 문장을 처음 들었을 때 '모든 일이 일어나는 데에는 다 이유가 있다'는 의미라고 생각했습니다. 물론 어떤 비극적인 고통이나 극심한 아픔과 마주하고 있는 사람들이 받아들이기에는 냉혹한 메시지겠죠. 그러나 우리가 가장 힘든 순간에 그 의미를 볼 수 있게 스스로를 훈련하면 삶을 신뢰하는 법을 배울 수 있습니다. 어떤 결과가 우리 마음에 들지 않을지도 모르지만, 삶이 우리를 더 새롭고, 더 적절하며, 더 유익한 방향으로 이끌 수도 있다는 것을 이해하게 됩니다.

이것은 '모든 일이 일어나는 데에는 그럴 만한 이유가 있다.' 혹은 '모든 것이 완벽하다'는 생각을 삶의 교실로 보겠다고 결정할 때 생기는 믿음입니다. 우리가 우리의 경험으로부터 배우고 성장하는 삶의 학생이 되겠다고 선택하면 모든 것은 어떤 이유에서건 일어나기 마련이라고 생각하게 됩니다. 이런 식으로 우리는 우리가 겪는 가장 힘겨운 순간들을 영적인 이익을 위해 활용하면서 의미 있는 무언가로 만들 수 있습니다.

루이스 선생님은 계속 이야기를 들려주었습니다.

그 첫 연설을 듣고 나서 저는 정기적으로 교회 강연에 참석하기 시작했어요. 전 더 많은 걸 배우고 싶었어요. 그러던 중 그 교회에서 1년 기간의 연수 프로그램을 운영하고 있다는 걸 알게 되었고, 학생이 되기로 결정하고 등록을 했죠. 첫 수업에서는 책도 없어서 그저 듣기만 했어요. 그리고 전체 프로그램을 다시 신청했는데, 이번에는 책을 갖고 참석했어요. 시작은 매우 느렸지만, 전 멈추지 않고 그 프로그램을 계속 들었어요. 3년 후에 저는 공식 자격증이 있는 전문가가 되었고, 이건 제가 교회에서 상담할 수 있는 자격이 생겼다는 걸 의미했죠.

"교회 상담사는 정확히 무슨 일을 하나요?"

질병이나 경제적인 문제 같은 어려운 상황을 겪고 있는 사람이 저에게 오면 저는 그들과 함께 '치료'를 해요. 치료는 기도문의 형태였어요. 이 기도문을 읽으면서 우리는 우리에게 어떤 무한한 힘이 있으며, 우리가 이 지성의 일부라는 사실을 인정했어요. 우리는 긍정적인 방법으로 진실을, 우리가 원하는 결과를 얻겠다고 선언했죠. 예를 들자면, 이런 문장을 말하는 거예요. **"나의 몸은 건강하고 질병으로부터 자유롭습니다."** 혹은 **"나의 가족과 나는 무한히 번창할 것입니다."** 그러고 나서 우리는 "그래서 그렇게 될 것입니다"라는 문장으로 기도를 끝냈어요. 그 시점부터 사람들은 자신의 문제에 대해 생각할 때, 삶이 두려움이나 걱정을 해결할 테니 안심해도 된다고 재차 확인하는 계기로 삼았습니다.

저도 이런 식의 치료 개념에 대해 잘 알고 있었습니다. 20대

중반에 저는 신사고New Thought 운동을 가르쳐왔던 사람들, 즉 캐서린 폰더Catherine Ponder, 플로렌스 스코벨 신Florence Scovel Shinne, 노먼 빈센트 필Norman Vincent Peale, 로버트 콜리어Robert Collier 같은 분들의 글에 매료되어 있었죠. 그리고 제가 30대 초반이었을 때, 저와 가장 친한 친구 맥스가 신사고 운동의 교사인 에밋 폭스Emmet Fox 선생님의 책《산에서의 설교Sermon on the mount》를 저에게 선물했습니다. 이 책은 제 사고방식을 근본적으로 바꾸었고, 제가 폭스 선생님의 저서에 좀 더 몰두할 수 있도록 영감을 불러일으켰어요. 실제로 그의 저서《건설적인 생각을 통한 힘Power Through Constructive Thinking》은 1년 동안 저에게 생활의 매뉴얼이 되었습니다. 저는 한 단어 한 단어를 놓치지 않고 공부했고, '보편적인 힘의 원천Universal Source of Power'을 우리 모두가 이용할 수 있도록 사용법을 안내해주는 그의 가르침을 실행에 옮겼습니다.

"저는 에밋 폭스를 정말 좋아해요"루이스 선생님이 말했습니다. "정말 좋은 사람이에요. 그의 작품을 많이 즐기고 제 삶에 끊임없이 활용했어요."

선생님은 저의 말에 동의한 뒤, 상담사였던 시절로 다시 돌아갔습니다.

일단 연수를 마치고 사람들과 일하기 시작하자, 꽤 빠른 시간 안에 저를 따르는 추종자들이 생겼어요. 대부분의 교회 상담사들은 주

말이나 저녁에만 일을 했지만 저는 3주가 지나자 풀타임으로 일을 하게 됐죠. 정말이지 믿을 수 없는 일이었어요. 사람들은 저에게 끌렸고, 저와 함께 일하고 싶어 했어요.

"어떻게 그렇게 될 수 있었을까요? 그렇게 빠르게 진전된 이유가 뭐라고 생각하세요?"

저도 잘 모르겠어요. 제가 처음 영적인 길에 발을 내디딘 이후로 저는 어떤 것도 통제할 수 없었고, 또한 어떤 것도 통제하려고 시도하지 않아도 된다고 느꼈어요. 삶은 언제나 제가 필요한 것을 가져다주었어요. 전 항상 눈앞에 나타난 것에 대응했을 뿐이에요. 사람들은 제게 종종 어떻게 헤이하우스 출판사를 시작했는지 묻습니다. 처음 시작한 날부터 지금까지의 세세한 일들을 모두 알고 싶어 하죠. 하지만 제 대답은 항상 같습니다. 걸려오는 전화를 받고 우편물을 열어보았을 뿐이에요. 제 앞에 놓인 일을 한 것이죠.

전 루이스 선생님이 무슨 말을 하는지 정확히 알고 있었습니다. 저는 20대 중반부터 저만의 영적인 길을 걸어왔지만, 40대 초반이 되어서야 삶의 방향을 정하려고 노력하기보다 삶에 대응할 수 있게 되었습니다.
20대와 30대의 저는 목표를 아주 진지하게 생각하는 사람이었습니다. 커리어에 대한 목표, 재정상의 목표, 인간관계에서의 목표 등을 작성해서 목록을 만들 정도였어요. 그리고 그 목표를 지원하기 위한 행동 계획과 보물지도도 마련했고요. 돌이켜보면 그것들은 저의 창조적인 에너지를 활용하게 해준 훌륭한 도구들이었지만, 어느 순간부터 상황이 바뀌고 있었습니다. 제 안에 있는 무언가가 움직이기 시작했죠. 저는 여전히 보물지도, 그러니까 저를 기분 좋게 만들고 열망할 만한 무언가를 선사하는 이미지들이 그려진 비주얼 보드나 콜라주를 만들고 있었지만, 성공을 뒤쫓는 것에는 관심이 적어지고, 삶이 나를 불러들이는 방향으로 내가 어떻게 존재하는지가 더 중요해졌습니다.

"전 그렇게 살았어요." 루이스 선생님이 계속 말을 이어갔습니다.

삶이 마치 모든 것을 한 번에 한 단계씩 간단히 처리하는 것 같았어요. 우선 저는 아흔 살 어머니와 사업을 시작했어요. 어머니는 봉투를 봉하고 우표를 혀로 핥아서 붙이는 걸 아주 잘하셨어요. 거기서부터 기업은 성장하기 시작했죠.

뒤돌아보면 삶이 저의 길에서 필요한 것을 얼마나 정확히 주었는지 알 수 있어요. 예를 들면, 이혼 후에 디렉터로 일하는 사람을 사귀었거든요. 그는 뉴욕에 있는 스페인·미국 극장의 일원이었고, 전 1년 정도를 그를 비롯해 몇몇 배우와 함께 일했죠. 실험적인 극장이었고, 전에는 생각지도 못했던 일을 하게 되었어요. 나중에 그 디렉터는 스페인으로 돌아갔지만 저는 그 극장에 남아서 연극 공연을 하게 되었고, 덕분에 배우조합 카드도 받을 수 있었어요. 그런데 제가 배우조합 카드를 받은 순간부터 모든 것이 사라졌습니다. 아무도 저에게 전화를 걸지 않았고, 아무도 저를 찾지 않았어요. 하지만 커리어를 쌓고 싶어서 극단에 간 게 아니었기 때문에 전 상관하지 않았어요.

"그 극단은 선생님에게 무엇을 주었나요? 그 극단이 어떻게 선생님 삶의 한 표본이 되었을까요?"

나중에 저는 대중 연설을 해야 했는데, 극단에서의 경험이 일종의 준비 기간이 되었어요. 대중 연설을 하기 시작했을 때 전혀 겁나지 않았거든요. 이미 무대 위에서 바보 같은 짓을 많이 해봤으니까요. 사람들이 무척 좋아해주더라고요. 제가 깨달은 건 대중 연설이나 연극이나 똑같다는 거예요. 대중 연설은 제가 직접 대본을 쓴다는 점만 다르죠.

"그런 이유로 상담사로 풀타임 일을 할 수 있었고, 사람들이 선생님에게 끌리게 된 거였네요. 거기서부터 어떻게 일이 진척되었나요?"

저희가 '종교과학 학교'(저는 그 교회를 학교라고 불렀어요)에서 했던 일 중 하나는 질병, 그리고 질병에 상당하는 정신적 문제에 관한 것이었어요. 저는 이 아이디어에 완전히 매료되었죠. 메모를 했던 게 기억나요. 그리고 어느 순간 제가 책에서 찾아낸 것들, 머릿속에 떠오른 아이디어들, 함께 일하는 사람들에게서 보았던 것들을 글로 정리했어요. 전 그걸 목록이라고 불렀죠. 제 수업을 듣는 어떤 사람에게 보여주었더니 "루이스 선생님, 정말 굉장한데요! 이걸로 소책자를 만들면 어떨까요?"라고 말하더군요.

그래서 12쪽 정도의 소책자를 만들어서 파란색 표지를 씌웠어요. 원래는 《어디가 아픈가요?What Hurts?》라는 제목을 붙였는데 '작은 파란책'으로 알려지게 되었죠. 그 책에는 질병, 각 질병의 원인이 될 수도 있는 정신적 패턴들의 목록과 부정적인 패턴을 치유하는 짧은 치료법이 담겨 있었어요. 학교장인 바커 박사님께 제 책을 보여주었던 순간이 아직도 기억나요. 박사님은 "오, 루이스 선생님, 정말 근사하고 멋진 일이에요. 몇 부를 찍었어요? 50부 정도요?"라고 물었어요. 그래서 제가 대답했죠. "아뇨, 5,000부요." 박사님은 정말 놀라셨어요. "뭐라고요? 제정신이 아니군요! 이 책자를 5,000부나 판매할 수는 없어요!"라고 말씀하시더군요.

제가 5,000부를 찍은 이유가 있었어요. 교회에 있는 인쇄기로는 인쇄를 많이 할수록 권당 비용이 적게 들었거든요. 그래서 5,000부를 인쇄했고, 권당 25센트가 들었어요. 책자는 한 권에 1달러를 받으려 했고요. 물론 그 책자로 돈을 벌지는 못했어요. 전 그저 정보를 나누고 싶었을 뿐이에요. 그런데 결국 5,000부를 전부 팔았죠.

"바커 박사님이 제정신이냐고 했어도 포기하지 않으셨던 거네요?"

네, 단념하지 않았어요. 전 계속 앞으로 나아갔어요. 일단 그 작은 파란책을 제가 찾을 수 있는 모든 형이상학 교회로 주문서와 함께 무료 책자를 보냈고, 그 교회 중 몇 군데에서는 제법 많은 주문이 들어왔어요. 그리고 여기저기서 조금씩 주문을 해오기 시작하더군요. 아주 천천히 팔렸어요. 첫해에 제가 번 돈은 42달러였죠. 저는 책을 출간한 제 자신이 너무도 자랑스러웠답니다. 그 일은 제게 불쑥 찾아왔던 거예요. 제가 그런 일을 할 수 있을 거라고는 생각하지도 못했는데, 2년 만에 5,000부를 다 팔았고, 개정판도 냈죠.

저는 종종 교회 안에 있는 서점에 가서 사람들을 관찰했어요. 누군가 일단 제 책을 집어 들면 거의 사더군요. 그런데 대부분의 사람들은 아예 집어 들지도 않았어요. 그래서 좀 더 나은 제목으로 바꿔야 한다는 걸 깨달았죠. 《당신의 몸을 치유하세요 Heal Your Body》라고 제목을 바꾸고 내용을 추가했어요. 그 즈음에 사람들이 자신들의 건강과 삶에 대해 저에게 질문하는 편지를 보내왔고, 전 워드프로세서의 초기 버전 앞에 앉아서 그들이 보내온 글에 대해 생각하면서 타이핑을 시작했죠.

제가 답장을 할 때마다 사람들이 "어떻게 그걸 아셨어요? 도대체 어떻게 알 수 있었죠?"라고 다시 답장을 보내왔고, 전 제가 한 말에 좀 더 자신감을 갖게 되었어요. 얼마 뒤, 저는 교회를 떠나 제 나름의 방식을 개발해서 사람들과 일하기 시작했어요.

"교회를 떠난 뒤, 상담일을 어떤 방식으로 바꾸셨어요?"

제가 5, 6 세션 정도의 단기 치료라고 부르는 방법을 썼습니다. 단기 치료를 한 이유는 대부분의 사람들이 둘 중 하나의 경우에 속했기 때문이에요. 제가 말하는 걸 실천해서 인생이 변하거나, 혹은 하지 않거나였죠. 실천하지 않을 경우, 돈과 시간을 낭비할 필요가 없었어요. 어떤 사람들은 제가 말하는 걸 자기 것으로 만들 수 없었는데, 그들은 한두 번 와보고 그 모든 게 멍청한 짓이라고 생각했어요. 그러나 일단 제가 말하는 걸 할 수 있거나, 적어도 시도를 한다면 인생이 더 나아지면서 바뀌는 걸 보게 되었죠.

저는 단기 치료 과정을 계속 진행했고, 세션이 끝날 때에는 모두 눕게 한 뒤 잔잔한 음악을 틀어주었어요. 스티브 할펀Steve Halpern의 음악을 틀곤 했는데, 그의 음악은 아무리 들어도 질리지 않고 아주 평화로운 느낌을 주었어요. 저는 고객들에게 눈을 감고 깊게 호흡하라고 했고, 머리를 숙이거나 발을 올려놓으며 몸의 긴장을 풀도록 했습니다. 그리고 마지막에는 개개인을 위한 치료를 했어요. 테이프에 긍정적인 메시지를 녹음하고 그걸 집에 가져가도록 했어요. 다시 치료 과정에 올 때 꼭 그 테이프를 가져오라고 해서 거기에 녹음을 추가해서 주었죠. 그렇게 해서 치료 과정에 참석한 사람들은 매일 밤 잠자리에서 긍정적인 메시지로 가득한 테이프를 듣게 되었어요. 그리고 마침내 참석자들은 그 테이프에 담긴 메시지를 듣기 위해 긴장을 풀고, 메시지가 전하려는 긍정적인 것들만 소유할 수 있게 되었습니다.

◆ ◆ ◆

"고객들과 일하는 선생님만의 방법을 개발한 거네요. 그리고 첫 번째 책도 출간했고요. 그다음에는 무슨 일이 있었나요?"

음, 제가 암 진단을 받았던 게 아마 그 즈음이었던 것 같아요. 물론 누구라도 그랬겠지만 저도 엄청 두렵고 무서웠어요. 자신이 그런 병에 걸리면 누구든 공포에 사로잡힐 거예요. 울면서 제 스승님에게 전화를 걸었던 기억이 납니다. "에릭 선생님! 선생님! 제가 암에 걸렸대요!" 그러자 스승님께서 "루이스, 당신은 이 모든 일을 해냈어요. 절대 암으로 죽을 리가 없어요. 우리 긍정적으로 접근해봅시다"라고 말씀하셨어요. 그 말을 듣자마자 차분해지더군요. 스승님은 제가 믿고 의지하는 분이었고, 항상 저의 편이 되어주실 거라는 걸 잘 알고 있었어요. 스승님의 그 말에서부터 제 병이 치유되기 시작했어요.

"선생님은 사람들과 일하면서 선생님의 지도로 더 나아졌다고 느끼거나 스스로를 치유 중인 사람들에 대한 이야기를 분명히 들으셨을 거라고 생각합니다. 그런 간접경험을 충분히 하셨으니 암이라는 병을 대할 때 그나마 마음이 조금은 편하지 않으셨나요?"

그럴 수 있죠. 그런데 다른 사람의 인생에서 긍정적인 변화를 보는 것과 내가 생명을 위협하는 병과 마주했을 때 그것을 스스로 믿는 것과는 별개의 일이에요. 전 제가 가르쳐왔던 것들이 정말로 가능하다는 걸 스스로에게 증명해 보일 기회를 삶이 제게 주었다는 걸 깨달았어요.

"그래서 암 진단을 받고 나서 직접 치유 수업을 실천하기 시작하셨나요?"

그건 정말 기적 같은 일이었어요. 왜냐하면 제가 스스로를 치유하겠다고 마음먹자마자 제게 필요한 모든 것이 저에게 다가왔거든요. 우선 저는 식단을 조절해줄 영양사를 찾았는데 처음에는 저를 치료하려고 하지 않더군요. 왜냐하면 항암치료 외에 암을 치료할 수 있는 건 없다고 생각했기 때문이죠. 그는 다른 접근법을 시도하는 걸 꺼렸어요. 그가 저더러 대기실로 나가서 잠깐 앉아 있으라고 말했던 걸 기억해요. 그리고 다른 환자 몇 명과 만난 후 저를 다시 들어오게 하더군요. 우리는 대화를 나누었고, 그는 제가 종교과학 교회의 교인이라는 걸 알게 되었어요. 그도 그 교회 교인이더군요. 그러면서 갑자기 모든 게 바뀌었어요. 그는 저를 환자로 받아들였고, 저는 식단 관리에 대해 엄청나게 많은 것을 배웠죠. 그 당시에는 전혀 몰랐던 사실들이었어요. 그때까지 제 식단이 형편없었던 거죠.

영양사를 결정한 후에 저는 훌륭한 치료사를 찾았고, 치유되어야 했던 어린 시절의 일들을 꼼꼼히 살피기 시작했어요. 저는 화를 풀기 위해 비명을 지르고 베개를 주먹으로 두들겨 팼어요. 용서가 치유와 많은 연관이 있다는 걸 배웠고, 용서를 실행해야만 했죠. 제게 깨끗하게 씻어내야 할 일들이 남아 있었던 거예요.

"잠시 용서에 관해 이야기를 나누고 싶은데, 말을 좀 끊어도 괜찮을까요? 선생님께서 과거에 폭력을 겪었다는 걸 알고 있습니다. 선생님께서 치료사와 함께 했던 감정 해독 작업이 용서의 과정이 시작되기 전에 진행되었는지 궁금해요. 제가 이런 질문을 드리는 이유는 사람들이 배신, 상실, 혹은 학대와 같은 것들을 다룰 때 생기는 고통스러운 감정을 피하고 싶은 마음에서 용서를 조급하게 서두르는 걸 자주 보았기 때문입니다."

맞습니다. 전 우선 치유가 필요했어요. 전 저의 부모님이 정말 예쁘고 작은 아기들로 태어난 사람들이었다는 사실을 깨달았고, 이 사실에 엄청나게 집중했어요. 어떻게 그런 순진무구한 사람들이 어린 저를 그렇게 거칠게 키웠는지 들여다봐야 했어요. 저는 제가 할 수 있는 한에서 이런저런 경로를 통해 전해진 그들의 이야기를 서로 엮어냈고, 그러면서 저의 부모님들이 끔찍한 환경에서 성장했다는 사실을 알게 되었어요.

만약 당신이 세상에서 가장 끔찍한 사람의 인생 배경 안으로 들어가 보면 비참한, 정말 비참한 어린 시절을 언제나 발견하게 될 거예요. 그런 어린 시절을 겪은 사람들은 저처럼 다른 사람들을 돕고 싶어 하거나 때로는 앙갚음을 하려고 합니다. 하지만 결코 원수를 갚을 수는 없어요. 전 저의 부모님을 용서할 수 있었는데, 그분들의 인생을 이해했기 때문입니다.

"그래서 암을 치유하기 위해 훌륭한 영양사와 치료사의 도움을 받고 용서를 실천하셨네요. 그 외에 다른 것은요?"

일단 제가 치유될 수 있다는 것을 알게 된 상황에 놓이자, 필요한 모든 것이 제게 다가오는 것 같았어요. 유치하고도 소소한 일들이 일어났죠. 예를 들면, 저는 발 반사요법이 몸의 독소를 제거하는 데 도움이 되는 좋은 방법이라는 걸 우연히 알게 되었어요. 어느 날, 한 저녁 강연에 참석했는데, 평소에 저는 항상 앞줄에 앉거든요. 그런데 그날은 웬일인지 뒷줄에 앉고 싶더라고요. 2분 뒤에 한 남자가 와서 제 옆에 앉았는데, 알고 보니 발 반사요법사였어요. 그가 사람들 집을 방문하며 치료한다는 걸 알았을 때, 전 우리가 만날 운명이라는 걸 직감했어요. 전 그 사람에게 일주일에 세 번 집에 와달라고 했어요. 그건 제게 필요한 일부였죠. 그가 제 발에 처음 발 반사요법을 썼을 때를 기억하고 있어요. 발의 독소를 제거하자 제 발이 마치 유리처럼 느껴졌어요.

"그래서 몸, 마음, 그리고 생각과 감정이 전체적인 과정에 포함된 치료를 하셨나요?"

네, 맞아요. 6개월 후에 의사한테 갔더니 암덩어리가 없어졌다고 하더군요. 완전히 사라졌대요. 당시에 저는 직감적으로 암이 사라졌다는 걸 알고 있었지만, 의학적으로 확인하고 싶었거든요. 일단 확인을 하고 나자, 저는 마음만 먹으면 무엇이든 치유될 수 있다는 걸 느꼈어요.

저는 루이스 선생님의 암이 치유된 이유가 전체 과정, 말하자면 그녀의 마음, 몸, 그리고 감정까지 모든 것이 포함된 치유 과정을 그녀가 받아들였기 때문이라고 생각했습니다. 암이 사라지도록 그저 '좋은 생각을 하는 것'에 의존하지 않고 말이죠.

"아뇨, 그것이 전부였어요." 선생님이 말했습니다. "만약 당신이 자신이 치유될 수 있다는 걸 아는 지점에 있다면, 거기에 맞는 도움이 당신에게 다가올 겁니다. 그리고 당신은 스스로가 기꺼이 할 수 있는 걸 하면 되고요."

"치료에 필요한 걸 끌어당길 수 있는 지점에 있으려면 어떻게 해야 할까요?" 제가 물었습니다.

우선, 그 문제에 대한 생각을 바꿔야 해요. 우리는 모두 치유에 대해, 그리고 어떻게 해야 하는지와 어떻게 하면 안 되는지에 대해 나름의 생각을 갖고 있어요. **'그렇게 될 수 없어'**에서 **'그렇게 될 수 있어. 방법만 찾아내면 돼'**로 생각을 전환해야 해요. **불치병**이라는 단어는 그 순간에 어떤 **외부적인 방법**으로 치유될 수 없다는 걸 의미하니, 우리는 우리의 내면으로 들어가야 한다고 저는 늘 말해왔습니다. 물론 그건 당신의 생각을 바꾼다는 걸 의미해요.
또한 자부심도 개발해야 합니다. 자신이 치유받을 가치가 있다는 걸 믿어야 해요. 만약 당신이 강한 믿음과 확신으로 그 생각을 발전시킬 수 있다면 당신에게 필요한 것을 삶이 가져다줄 거예요.

"그러면 만약 건강에 위기를 겪고 있는 누군가가 지금 이 글을 읽고 있다면, 올바른 마음가짐을 갖기 위해서 그들에게 어떤 말을 권하시겠어요?"

전 이런 말로 시작하고 싶어요.

나는 내 자신을 사랑합니다. 그리고 자신을 용서합니다.

나는 나의 분노, 두려움, 원망, 혹은 당신으로 인해 내 몸이 망가지는 걸 용인한 내 자신을 용서합니다.

나는 치유될 자격이 있습니다.

나는 치유받을 가치가 있습니다.

내 몸은 어떻게 스스로를 치유할 수 있는지 방법을 알고 있습니다.

내 몸이 영양상 필요하다고 요구하는 것에 협조하겠습니다.

내 몸에 맛있고 건강한 음식을 주겠습니다.

나는 내 몸 구석구석을 사랑합니다.

차갑고 맑은 물이 내 몸을 통과해서 흐르며 모든 더러움을 씻어주고 있다는 걸 압니다.

내 몸의 건강한 세포들이 매일매일 더 강하게 자라고 있습니다.

삶이 모든 방법을 동원해서 내가 치유되도록 도와줄 거라고 확신합니다.

내 몸을 만지는 모든 손은 나를 치유하는 손입니다.

내 몸이 얼마나 빨리 치유되고 있는지 의사들이 놀라고 있습니다.

나는 매일 모든 방법으로 더 건강하게 성장하고 있습니다.

나는 내 자신을 사랑합니다.

나는 안전합니다.

삶은 나를 사랑합니다.

나는 완전히 치유되었습니다.

"그러면 선생님은 암에서 치유되는 동안에도 계속해서 사람들을 만났나요?"

네, 그랬어요. 하지만 제 스승님과 직접적으로 저를 지원해주는 사람들 외에 아무한테도 제 병에 대해 말하지 않았습니다. 다른 사람들의 두려움에 영향받고 싶지 않았거든요. 옆길로 새고 싶지 않았습니다.

일단 암이 사라졌다는 통보를 받고 나자, 전 제 삶을 재평가하기 시작했어요. 그리고 뉴욕을 떠나자고 마음먹었죠. 전 뉴욕에서 30년을 살았는데 뉴욕의 날씨와 겨울에 진저리가 났거든요. 1년 내내 햇빛과 꽃을 볼 수 있는 곳으로 가고 싶었어요. 그래서 캘리포니아로 오게 됐어요.

"그리고 로스앤젤레스에 정착하셨죠?"

맞습니다. 첫 6개월 동안 저는 해변에 자주 갔어요. 곧 굉장히 바빠져서 해변에 갈 시간이 없을 것 같은 예감이 들었거든요. 로스앤젤레스에서 찾아낼 수 있는 모든 형이상학 모임에 《당신의 몸을 치유하세요》를 들고 다녔어요. 그리고 적절하다 싶으면 누군가에게 그것을 한 부 주었지요. 나중에 알게 된 거지만, 그 모임 중에서 제가 다시 가고 싶은 모임은 없었어요. 그들이 제게 해줄 수 있는 게 아무것도 없었거든요. 하지만 전 작은 촉수들을 세우고 있었고 점차 몇몇 고객이 제게 오기 시작했어요.

"어떤 면에서 보면 모든 걸 처음부터 다시 시작하고 있었네요. 뉴욕의 고객들과는 계속 연락을 하고 있었나요?"

네. 로스앤젤레스에서 새로운 생활을 스스로 꾸려나가는 동안에도 그들과 계속 전화 연락을 하고 있었어요.
웨스트할리우드에 '보리나무'라는 멋진 서점이 있었어요. 제 책을 두어 번 그 서점에 가져갔는데 관심을 보이지 않더군요. 그런데 곧 삶이 그 서점에 "저 작은 파란책을 사고 싶어요"라고 말하는 사람들을 보내기 시작했어요. 그들 중 절반은 책 제목도 제 이름도 몰랐지만, 그 작은 파란책을 찾을 정도로는 알고 있었어요. 그리고 드디어 그 서점이 저에게 여섯 부를 주문하려고 연락을 해왔지요. 전 전화를 끊자마자 차에 올라타고 직접 그 서점으로 책을 가져갔어요.

Chapter.1 • 천천히, 분명하게 긍정의 시간을 향해 걸어가기 처음 1년 동안은 주문을 받을 때마다 서점으로 직접 책을 배달했어요. 그러면서 제 책이 점점 더 많이 팔린다는 걸 알게 되었죠. 이렇게 사람들은 저와 제 책에 대해 알게 되었고, 저에게 도움을 구하게 되었어요.

전 개별 고객들과 더 많이 일하기 시작했습니다. 보통 여섯 명 정도가 참석하는 소규모 수업도 시작했죠. 사람들이 입소문으로 알게 된 소규모 강의와 수업이었어요. 시간이 지나면서 수강생은 점점 늘어나서 350명이 신청할 정도로 규모가 커졌어요.

전 제가 가르치는 것에 대한 믿음이 있었습니다. 수업과 강의에 참석한 사람들에게도 큰 변화가 일어나고 좋은 결과를 얻게 되었고요. 그때 머릿속으로 어떤 생각이 스쳤어요. 이 경험을, 제가 일하면서 배우게 된 것들을 종이 위에 옮기면 더 많은 사람들을 도울 수 있지 않을까 하는 생각이었죠.

하지만 전 글을 쓸 시간이 없었어요. 그런데 그 즈음 뉴욕에 있는 저의 여성 고객이 저를 보러 와서는 2,000달러를 주더군요. 제가 그녀의 삶을 바꾸는 데 도움을 주었다며 감사의 뜻으로요. 그 순간, 전 '바로 이거야.' 하고 결심했어요!

6개월 동안은 책 쓰는 일에만 전념했어요. 고객들, 워크숍, 제가 들었던 이야기들에서 정보를 모으고, 그걸 모두 《당신의 몸을 치유하세요》에 쓴 내용과 함께 새로운 책에 넣기 시작했어요. 《치유》는 이렇게 출발했어요.

지금도 기억나는 게, 책이 출간되고 나서 작업실 탁자 위에 책을 쌓아놓고 그릇에 거스름돈을 담았던 거예요. 그러면 사람들이 직접 와서 책을 사가곤 했지요. 그 당시에 전 가진 돈이 너무 적어서 책을 많이 인쇄할 수 없었거든요. 하지만 인쇄한 책이 전부 팔리자마자, 그 돈으로 더 많은 책을 찍었어요.

"《치유》의 첫 번째 판본은 그렇게 완성되었군요. 선생님께서 고객들과 함께 했던 작업들이 선생님의 손이 닿을 수 있는 범위와 수강생을 늘리며 성공을 거둔 거네요."

네, 맞아요. 그리고 제가 한 말들은 제가 가르쳤던 곳 너머로 멀리 퍼져나갔어요. 언제였는지 정확히 기억나지는 않지만, 언젠가 혼자서 호주에 갔던 적이 있어요. 누군가 저를 금요일 저녁 무료 강연과 주말 워크숍에 초대했거든요. 제가 금요일 저녁 강연 장소에 도착했더니 그곳에 1천 명가량의 사람들이 와 있지 뭐예요. '**도대체 이 사람들이 다 어디에서 온 거지? 여기서 뭘 하고 있는 걸까? 이 사람들은 나를 어떻게 알게 되었지?**'라는 생각이 들었어요. 삶이 지금까지 제 삶의 모든 걸 뒤엎어버렸어요.

삶은 루이스 선생님을 그렇게 인도했지요. 결국 그녀는 사람들에게 점점 더 신뢰를 얻으면서는 더 많은 고객과 일을 하고,

더 많은 대중에게 알려지게 되었습니다. 그리고 1980년대 중반 에이즈가 확산될 무렵, 루이스 선생님은 완전히 새로운 단계로 올라가게 되었죠. 선생님은 그때를 이렇게 표현했습니다.

제 수업에 동성애자 몇 명이 있었는데, 어느 날 누군가 제게 전화를 걸어 "루이스 선생님, 에이즈를 앓고 있는 사람들을 위한 모임을 만들어보지 않으시겠어요?"라고 물었습니다. 어떻게 해야 할지 확신이 서지는 않았어요. 그런데도 "좋습니다. 함께 한번 만들어봐요. 이후에 무슨 일이 벌어지는지 지켜봅시다"라고 말해버렸죠. 처음에는 여섯 명으로 시작했어요. 그런데 그다음 날, 그중 한 남자가 제게 전화를 해서 3개월 만에 처음으로 잠을 잘 수 있었다고 하더군요. 이 모든 일들이 재빠르게 소문이 나면서 사람들의 입에 오르내리기 시작했어요.

무엇을 하려는지 제 자신도 몰랐어요. 하지만 그 당시에 누구도 자신들이 무엇을 하려는지 모르고 있었어요. 에이즈에 걸린 사람들을 위해 엄청난 일을 하는 똑똑한 사람들도 없는 것 같았고, 제가 바보가 될 것 같지도 않았습니다. 우리는 모두 같은 생각이었어요.

전 제가 항상 해왔던 것을 그냥 하기로 결정했어요. 분노를 표출하고, 사람들이 자신을 사랑하도록 돕고, 용서를 실천하도록 격려하는 걸 말이에요. 삶의 단순한 것들이죠.

이 특별한 그룹과 함께 일하면서 저는 우리가 대부분의 사람들보다 자기혐오에 대해 더 많이 다루고 있다는 걸 알게 되었어요. 사회가 에이즈 환자들에 대해 갖고 있는 모든 비판도요. 동성애자들은 다른 사람들이 그들의 부모에게 갖고 있는 감정을 스스로도 갖고 있었는데, 거기에 더해서 부모에게 배척당한 경험도 있었죠. 그리고 그들은 물론 신에게 혐오스러운 존재로 불리고 있었어요. 그런 얘기들을 계속 들으며 살아가는데 도대체 어떻게 자존감을 가질 수 있겠어요? 불가능한 일이에요. 그래서 여기, 자신의 부모한테 버림받아 상처 입은 아이인 제가 부모에게 버림받은 똑같은 처지의 이 남자들을 돕고 싶었어요. 전 그들을 이해했습니다. 그들이 어디로부터 왔는지 전 이해하고 있었어요.

루이스 선생님이 가진 연민과 이해의 깊이가 그들을 서로 뭉치게 했던 것 같다고 저는 생각했습니다. 이들에게는 굉장한 선물이었던 것이죠.

1987년 같은 주에 '오프라 윈프리 쇼Oprah Winfrey Show'와 '필 도나휴 쇼Phil Donahue Show'에 출연했는데, 그걸 계기로 모든 게 폭발하듯 터졌어요. 그 두 쇼의 담당자들은 제가 에이즈 환자들과 무슨 일을 하고 있는지 말해주기를 원했어요. 순조롭게 치유되고 있던 다섯 명의 남자들과 함께 우선 '오프라 윈프리 쇼'부터 출연했죠. 오프라 윈프리는 정말 근사한 여성이었어요. 우리가 하고 싶은 말을 다 하도록 해주었어요.

그때 우리는 모든 것을 사랑으로 바라보았어요. 서로에 대한 두려움이 없었고, 자신을 사랑하는 것에 모든 초점을 맞추고 있었죠.

전 항상 긍정적인 것에 집중하고 싶었어요. 그들과 일하기 시작할 때 저는 우선 "우리는 여기에 앉아서 '정말 끔찍한 일 아니에요?' 같은 말을 말하려는 게 아닙니다"라는 말부터 했어요. 우린 이 일이 끔찍하다는 걸 이미 알고 있었어요. 그리고 이렇게 덧붙였죠. "어디에서건 그 말은 할 수 있어요. 그러나 여러분이 저에게 왔으니 우리는 긍정적으로만 접근할 겁니다"라고요. 긍정적인 소식이나 긍정적인 기법을 가진 사람이라면 그 누구라도 우리와 함께할 수 있었습니다.

"그래서 그들은 자신들이 지지, 공감, 어떤 좋은 경험에 의지할 수 있다는 걸 알게 되었나요?"

그래요. 우리는 모두 함께 공유했고, 그것에 대해 어떤 판단도 비판도 하지 않았어요. 모임이 길어질수록 전 그들에게 더 좋은 것들을 줄 수 있게 되었어요. 누군가 우리에게 여섯 개의 마사지 테이블을 주었던 때를 기억해요. 그는 매주 수요일 밤에 열리는 모임에 그 테이블을 가져왔고, 우리는 그것을 설치했어요. 그리고 나서 레이키Reiki(기 치료)나 마사지를 해본 적이 있는 사람은 테이블 옆에 서라고 했죠. 그들이 기 치료를 받을 수 있도록 말이에요. 우리는 그 테이블을 '치유 테이블'이라고 부르지 않고 '에너지 테이블'이라고 불렀어요. 그들에게 그 순간은 누군가 그들의 몸을 만지는 유일한 때였어요. 그 순간의 의미가 정말 컸죠. 우리는 아주 단순한 것, 기분이 좋아지는 것에 초점을 맞추었어요. 제 생각은 항상 단순했죠. 더 단순할수록 일이 더 잘 되어가는 것 같았거든요.

같은 주에 '오프라 윈프리 쇼'와 '필 도나휴 쇼'에 나가면서 우리는 정말로 유명해졌어요. 우리가 가지고 있던 몇 대의 전화기로 계속 전화가 걸려왔고, 《치유》는 〈뉴욕타임스〉 베스트셀러 목록에 13주 동안 올라 있었어요. 그리고 저는 갑자기 회사를 갖게 되었죠.

"그것이 선생님이 정말로 사업을 하고 있다는 걸 깨닫게 된 계기였나요?"

사업을 하고 싶다는 말을 공개적으로 한 적은 한 번도 없었어요. 하지만 몇 년 전에 만약 사업체를 갖게 된다면 헤이하우스라고 부르겠다고 저 자신한테 말했던 건 기억해요. 때가 된 것이죠.

헤이하우스의 첫 번째 책으로 저는 예전의 그 작은 파란책을 출간했고, 그다음에는 《치유》와 두 개의 명상 테이프를 출시했어요. 하나는 아침에 듣는 것이고, 다른 하나는 저녁에 듣는 것이었죠. 합해서 4개의 상품을 갖게 된 거예요.

처음에는 혼자서 할 수 있는 것을 했는데, 일이 너무 많아지면서 저를 도와줄 사람을 고용했어요. 일이 더 많아지고 바빠지면서 또 다시 사람을 고용했고요. 그리고 사업은 그때부터 아주아주 느리게 커갔어요. 작은 헤이하우스로 시작한 업체의 직원이 다섯 명에서 여섯 명이 되었습니다. 어느 크리스마스에는 그 직원들에게 50달러씩 나누어줬던 걸로 기억해요. 그 당시 제가 줄 수 있는 전부였어요.

그때 저는 어느 아파트 건물에 있는 제 집에서 사업을 운영하고 있었어요. 그런데 어느 때인가 몇몇 이웃이 불만을 표시했고, 그래서 이사를 해야 했어요. 살던 곳에서 그리 멀지 않은 다른 건물로 이사를 갔는데, 복도 건너편에 회계법인이 있더군요. 괜찮은 회계사가 필요한 시점이었기 때문에 전 우리 재무 기록과 세금을 정리하는 걸 도와달라고 그 회사에 우리 회사의 회계 부분을 맡겼어요.

그러다 회계사를 정규직으로 채용해야 비용이 더 적게 든다는 걸 깨달았고, 그 회계 법인 직원 중 한 명을 채용했어요. 다시 한 번 삶은 제가 성장하고 더 많은 사람들을 돕는 데 필요한 것을 정확히 가져다주었죠.

이런 일도 있었답니다. 언젠가 제가 여행을 떠나기 전에 마이클이라는 남자를 채용하기로 했는데, 여행에서 돌아와보니 마이클이라는 사람 대신 레이드 트레이시 씨가 채용된 거예요. 알고 계시겠지만 레이드 씨는 현재 헤이하우스의 CEO죠. 그가 우리 일을 하는 데 완벽한 사람이었던 거예요.

"선생님, 잠깐 짚고 넘어가고 싶은 게 있어요." 저는 루이스 선생님의 말을 중단시켰습니다. "선생님은 느리게 천천히 성장하는 것에 대해 말씀하시는 중이에요. 하지만 요즘의 추세는 그게 아니죠."

맞아요. 요즘엔 그저 빨리 성공하고 싶어 하는 사람들이 너무 많아요. 그러나 우리가 영적인 길에 들어서서 삶이 우리에게 선사하는 것에 대응할 때, 가장 강력한 일은 시간이 흐르면서 점진적으로 일어나요. 그 일이 일어나는지 알아채지도 못하게 말이죠. 뒤돌아보고 나서야 **'오, 세상에! 내게 일어난 이 모든 일 좀 봐!'**라고 생각하게 됩니다.

저는 루이스 선생님의 영적 여정에 대한 이야기를 듣는 동안, 그녀가 침착하게 꾸준히 성공했다는 사실과 함께, 다른 핵심적이고 반복되는 주제도 알아챘습니다.

- **단순함**: 사물을 복잡하게 만드는 대신 소규모로, 단순하고 관리가 용이한 단계로 집중시킵니다.
- **낙관주의**: 문제에 집중하기보다 해결책에 주의를 기울이고 에너지를

씁니다.

- **인내심:** 특정 결과를 얻기 위해 조급하게 서두르기보다 여정을 완전하고 의식적으로 경험합니다.

- **신뢰:** 우리의 모든 경험에서 성장을 위한 완벽함과 기회를 보며 삶을 신뢰하는 법을 배웁니다.

- **성장:** 우리의 경험을 변화와 자아실현을 위한 촉매제로 활용하는 교실로 바라봅니다.

- **이타심:** 성공하기 위해 우리 자신의 개인적 비전과 탐색에 몰두하지 않고, 도움이 필요한 사람들을 어떻게 최대한 잘 격려하고 도울 수 있는지에 집중합니다.

- **행동:** 삶이 우리의 여정에서 우리를 위해 열어둔 문을 직접 열고 걸어 들어갑니다.

- **믿음:** 결과를 알지 못하지만 기꺼이 운에 맡기며 시도하고 앞으로 나아갑니다.

- **자력**Magnetism**:** 자신을 올바른 마음 상태로 만들고 유지하며, 우리에게 필요한 것을 끌어들이는 능력을 개발하고 활용합니다.

우리의 첫 미팅을 마무리 짓기 전에 전 루이스 선생님에게 마지막 질문을 했습니다. **"선생님은 삶이 계속해서 우리의 어깨를 두드리고 있다고 생각하세요? 만약 우리가 우리 앞에 놓인 것에만 관심을 쏟고 실행한다면, 그래도 우리가 올바른 길을 찾을 수**

있을까요?"

루이스 선생님은 이렇게 대답했습니다.

그렇게 산다면 우리는 매우 바빠질 겁니다. 수많은 사람들이 인생에서 목표가 필요하다고 여기죠. 때로는 1년의 목표, 혹은 5년의 목표일 수 있어요. 그러나 전 결코 그런 목표를 세운 적이 없어요. 분명하게 윤곽이 드러나거나 부분적으로라도 집중하면서 그 어떤 것을 해보려고 시도한 적이 없어요. 제 질문은 항상 '**어떻게 사람들을 도울 수 있을까?**'였습니다. 이 질문을 스스로에게 수천 번 던졌어요. 그리고 지금도 계속해서 묻고 있습니다. 이 세상에서 일어나고 있는 온갖 힘겨운 일들을 보면서 어쩌면 제가 특별한 무언가를 할 수 없을지도 모르겠다는 생각이 들기도 해요. 그렇지만 '**어떻게 사람들을 도울 수 있을까?**'라는 질문을 던지고 그 의도에 맞는 걸 활기차게 계획해나가는 건 할 수 있어요.

일단 이런 계획이 어떻게 진행되는지 이해하고, 어떻게 가능한지에 대한 믿음이 있다면, 우리는 그저 걸려오는 전화를 받고 우편물을 열어보면 됩니다.

기적을 가져오는 긍정 확언

———

큰 소리로 읽으며 써보세요.
내 인생에 작지만 위대한 변화가 일어납니다.

나는 내 자신을 사랑합니다.

나는 매일 모든 방법으로
더 건강하게 성장하고 있습니다.

삶은 나를 사랑합니다.

Chapter.2

우리는 모두 최고의 삶을 만드는
위대한 창조자

"당신 안의 좋은 것들로 이 세상을 채우고 있나요?"

"우리는 우리가 떠올리는 모든 생각과 우리가 말하는 모든 단어로 우리의 미래를 결정하는 강하면서도 창조적인 존재입니다."

우리의 두 번째 미팅이 시작되어 제가 녹음기의 버튼을 막 눌렀을 때 루이스 선생님이 말한 첫 문장이었습니다.

우리는 제 호텔 방의 긴 창가에 앉아 토론토 시가지를 내려다보며 몸을 쭉 펴고 서로 마주보고 있습니다. 햇빛이 환하게 빛나는 아름다운 오후입니다. 루이스 선생님이 한 말을 생각하면서 저는 그 말이 **'우리는 우리의 가장 순수하고 긍정적인 마음 상태**

에서 최고의 삶을 만드는 힘 있는 창조자다'라는 메시지를 담고 있다는 것을 깨달았습니다. 좋은 생각을 하면 기분이 좋아집니다. 기분이 좋으면 좋은 선택을 하게 됩니다. 기분이 좋은 상태에서 좋은 선택을 하면 우리의 삶 속으로 더 좋은 경험을 끌어들입니다.

이건 정말이지 단순하고, 우아하고, 그리고 진실됩니다.

과학은 우리에게 에너지 파동이 우주의 '물질'이고, 우리가 내쉬는 모든 숨결과 우리가 생각하는 모든 생각이 에너지 안에 있는 어떤 것과 누군가에게 직접적으로 영향을 준다고 말합니다. 제가 앉아 있는 의자, 제가 글을 쓰는 데 이용하는 키보드, 제 방의 창문 밖에 서 있는 아름다운 목련 나무. 이 모든 것이 에너지로 만들어졌습니다. 물체가 진동하는 속도가 형태의 밀도를 결정합니다. 이 에너지는 우리가 떠올리는 생각, 우리가 말하는 단어, 우리가 취하는 행동에 직접적으로 영향을 받습니다. 이 생각들, 단어들, 행동들이 감정을 만듭니다. 그리고 우리의 감정이 인생 경험을 구입하는 화폐가 됩니다.

우리의 생각이 삶에 영향을 주는 방식에 대해 루이스 선생님과 이야기를 나누던 중에, 저는 이 발상이 실제로 얼마나 중요하고 강력한지 훨씬 더 잘 알게 되었습니다. 우리 둘이 자신의 삶에서 믿고, 가르치고, 실천하는 것의 대부분은 많은 사람들이 여전히 설득력 없는 것, 뉴에이지, 혹은 기껏해야 지나치게 단순화

했다고 보는 개념에 근거를 두고 있습니다. 잠시 동안 저는 이 단어들을 옮겨 적으면서 우리의 아이디어를 뒷받침할 확실한 증거를 찾기 위해 웹사이트, 저의 개인 도서관, 혹은 과학계에 있는 제 동료들의 마음을 샅샅이 뒤져야만 한다고 생각했습니다. 그러나 저는 더 이상 그렇게 하지 않습니다. 저는 제 삶을 인도하고 형성해온 영적 원칙을 더 이상 방어하지 않습니다. 그 원칙들은 잘 작동하고, 저도 그걸 알고 있으니까요. 루이스 선생님과 저, 우리 둘 다 그걸 알고 있죠.

그날 오후 우리가 대화를 이어갈 때 루이스 선생님과 저 둘 다 에밋 폭스, 플로렌스 스코벨 신 등의 신사고 작가들로부터 영감을 받았다는 것이 분명해졌습니다. 이 작가들은 독자들이 자신들의 삶을 바꾸고 향상시키는 데 생각의 힘을 이용하도록 독자들을 격려했습니다. 이런 원칙들을 우리 자신의 삶에 적용하면서 루이스 선생님과 저는 우리의 생각이 얼마나 강할 수 있는지에 대한 증거가 충분하다고 생각했습니다. 우리가 믿고 있는 기회와 경험을 통해서 말이죠. 그리고 이 증거는 우리의 믿음을 강하게 만들었습니다.

생각이 가진 치유나 창조적인 힘을 경험한 사람들의 입증되지 않는 증거를 과학은 무시할 수도 있지만, 그것을 경험한 사람들의 이야기는 중요합니다. 그 이야기들은 변화의 전조이며, 우리가 살아가는 방식을 궁극적으로 만들어갈 의식의 변화를 일으키는 촉매제입니다. 기적 같은 이야기와 특별한 경험들은 종종 이해를 넘어서곤 합니다. 사람들의 수많은 이야기는 우리의 제한된 생각 밖에 존재하는 어떤 것을 믿을 수 있도록 하며, 우리의 심장과 마음을 열라고 우리에게 요청합니다. 그것이 요점입니다.

의식의 점진적인 도약은 종종 마법처럼, 혹은 정말 놀라워 보이는 발상에서 시작됩니다. 난생처음 '텔레비전'에 대해 들었을 때, 거실에 놓인 상자에서 이미지를 본다는 발상이 얼마나 미친 소리처럼 들렸을지 한번 생각해보세요. 불가능해 보이는 무모한 발상이 인류의 모습을 영원히 바꾸어놓았습니다.

루이스 선생님은 마음-신체 분야의 선구자로서 그녀의 독자와 청중들에게 형이상학적 도구로 신체의 병을 치료할 것을 제안하면서 생각을 넓히라고 요구해왔습니다. 전통적인 방법만으로 병을 치유하려고 고집하기보다 그들이 자신의 병에 대해 어떻게 **생각하는지**에 집중하라고 말해왔지요. 그녀는 마음과 몸을 연결함으로써 다른 사람들에게 그녀 자신이 경험한 것, 말하자면 우리의 생각이 몸을 치유하는 데 정말로 중요한 역할을 한다는 것을 발견하라고 말합니다. 루이스 선생님은 자신의 몸과 삶을 치유한 남녀의 미소 짓는 얼굴에서 이에 대한 증거를 보아왔습니다. 루이스 선생님과 그녀가 치유의 길에서 도왔던 수많은 사람들이 충분한 증거죠.

생각의 힘을 활용하는 것에 관한 한, 우리는 새로운 방식으로 행동해야 한다는 점을, 그리고 삶이 우리에게 우리 자신의 증거를 제시할 거라는 점을 신뢰해야 합니다. 이것을 염두에 두고 저는 생각이 신체의 현실에 영향을 준다는 걸 증명하기 위한 탐색을 포기하고, 그 대신 제 자신의 실제 삶에서 찾아낸 증거들에 의존하기로 했습니다. 일단 이렇게 결정하자, 흥미로운 일들이 벌어졌습니다.

그날 저녁 늦게 제 남편 마이클과 슈퍼에서 장을 볼 때 일어난 일입니다. 저는 난초를 구경하러 꽃을 파는 코너에 들렀어요. 저는 그곳에 꽤 오랫동안 서서 난초의 생생한 색깔과 꽃잎의 정교한 형태를 감상했습니다. 한 송이 한 송이 살펴보며 살까 말까를 고민하고 있는데, 근처를 지나던 쇼핑객이 저에게 뭘 물어보는 바람에 마음을 바꾸고 그냥 돌아왔죠.

그다음 날 회의를 마치고 집에 돌아오니 현관 계단에 커다란 상자가 놓여 있더군요. 집 안으로 상자를 끌고 들어가서 열어보니 상자 안에 무척 아름다운 하얀 난초가 자리 잡고 있었습니다. 저는 즉시 전날 밤 꽃집 앞에서 난초를 사려고 고민했던 것을 떠올렸고, 이 선물을 저의 집중적이고 긍정적인 생각의 결과라고 생각했습니다. 저는 꽃을 무척이나 좋아합니다. 그리고 만약 제가 저의 에너지를 소소한 방법으로라도 직접 그 꽃들에게 보내면 실제로 그 꽃들이 제게로 온다고 믿는 강력한 신호를 우주로 보낸다는 것을 알고 있었습니다. 이런 경험을 충분히 해보았으니까요. 그런데 이번에는 그 신호가 평소보다 더 강렬했던 게 분명합니다. 그랬기에 이틀 후에 웨스트코스트에 사는 친구가 예상치도 못한 그 소포를 보낸 것입니다. 너무나도 아름다운 하얀 난초를 말이죠.

◆ ◆ ◆

우리가 세상에 내놓는 것은 세상으로부터 돌려받는 것에 엄청난 영향을 줍니다. 우리들 대부분은 매일매일 이것을 보여주면서도 그 연관관계를 모릅니다. "우리는 삶과 지속적으로 협력하고 있어요." 루이스 선생님이 이 사실을 제게 일깨워주었습니다. "그리고 우리는 다른 사람들도 그들의 삶에서 이런 증거를 경험할 수 있도록 그들을 격려하고 싶어 하죠. 우리는 그저 지속적으로 마음을 열고 우리 자신의 경험을 믿기만 하면 됩니다." 저는 전적으로 동감했습니다. 우리에게 주어진 순간에 우리는 웬만해서는 상상할 수 없는 방식으로 에너지를 보고, 느끼고, 보내고, 영향을 줍니다.

여러분은 어떤 방에 들어갔을 때 본능적으로 옆에 있는 누군가가 화나 있다는 것을 알게 된 적이 있나요? 아니면 낯선 사람의 눈을 보고 연민, 이해심, 혹은 사랑의 감정에 압도당했다고 느낀 적이 있나요? 우리가 **에너지를 받을 때** 경험하는 일들입니다. 종종 우리는 토론이나 설명 없이 우리를 둘러싼 환경에 적응하고, 분위기를 파악하고, 무슨 일이 일어나고 있는지에 대한 정보를 다운로드합니다.

물론 우리는 **에너지를 보내기도** 합니다. 여러분은 병에 걸릴까 봐 두려워하고, 그 병이 실제생활에서 일어나는 일과 어떤 관계가 있을까 걱정해본 적이 있나요? 아니면 온 정신을 집중하면 당신 삶에서 기적적으로 나타날 것 같아서 강렬하게 무언가를 바란 적이 있나요? 이것들은 우리가 **에너지를 전달할 때** 일어날 수 있는 일들입니다. 우리는 생각, 말, 행동의 형태로 신호를 보내면서 우리를 둘러싼 환경에, 그리고 그 후에는 우리의 인생 경험에 활발하게 영향을 끼칩니다.

몇 년 전에 저는 운 좋게도 에너지를 전달하는 힘을 경험할 수 있는 특별한 기회를 갖게 되었습니다.

여행과 강연으로 바쁜 나날을 보내고 난 뒤, 저는 탈진되고 창의적인 부분이 막혔다고 느꼈습니다. 그 기간에 저는 비즈니스 미팅을 위해 애리조나 주 투손에 있는 모라바 리조트 앤드 스파를 방문할 예정이었습니다. 저는 그곳으로 가기 전에《말에 관한 것이 아니다Not about the Horse》의 저자이며, 내 친구이자 동료인 와이엇 웹Wyatt Webb에게 연락을 했습니다.

와이엇은 모라바에 '말과의 경험Equine Experience'이라는 이름의

나 자신을 믿을 때
삶은 우리가 원하는 것을
가져다줍니다

- 루이스 헤이 -

공간을 만들었는데, 여기서는 인간이 어떻게 서로 간에, 그리고 세상과 관계를 맺는지 보여주는 거울로서 말과의 상호작용을 활용합니다. 저는 와이엇을 신뢰했고, 그가 통찰력 있고 경험 많은 안내자라는 걸 알고 있었기에 제가 왜 사방이 막힌 듯한 상황에 놓여 있는지, 어떻게 그것을 통과해야 하는지 이해하는 데 그가 도움을 줄 수 있다고 생각했습니다.

마구간으로 가는 길에 와이엇과 저는 그간의 생활에 대해 대화를 나누었습니다. 우리가 둥근 말우리에 도착했을 때 전 옛 친구를 금방 알아보았죠. 몇 그루의 나무 그늘 아래 서 있는 건 몬순이었습니다.

몬순은 172센티미터가 넘는 키에 몸무게는 544킬로그램 이상 나갑니다. 이전에 모라바에 왔을 때 이 멋진 생명체를 알게 되었지만, 이번에 와이엇이 몬순에게 가보라고 했을 때는 불안감 때문에 몸이 떨리더군요. 몬순이 저에게 무엇을 가르쳐줄지 궁금해하면서 저는 우리 안으로 발을 들여놓았습니다.

와이엇과 저는 잠시 동안 제 기분이 어떤지와 지난 2년간 제 삶에서 일어났던 변화에 대해 이야기를 나누었습니다. 제 이야기를 가만히 듣고 단서를 찾기 위해 제 몸을 지켜본 후에(와이엇은 외부의 모습을 관찰하면서 그 사람의 내면에서 무슨 일이 일어나는지 알아내는 데 익숙합니다) 그는 말했습니다. "무슨 일이 일어나고 있는지 알고 있나요, 셰릴? 제 생각에 당신은 정말, 정말로 분노하고 있고, 이 표현되지 않은 분노가 당신의 에너지를 막고 있어요."

저는 그의 말을 들으면서, 점점 커져만 가는 저의 날것 그대로의 감정과 제 친구 와이엇 사이에 보호벽을 쌓기 위해 최선을 다했습니다. 저는 한 걸음 물러서서 한눈을 팔았습니다. 하지만 저는 제가 도움이 필요하다는 걸 알고 있었고, 제 감정을 그대로 표출할 수 있을 만큼 와이엇을 신뢰했기에 흐르는 눈물을 내버려두었죠.

와이엇은 제 옆에 가만히 서서 저의 고통과 좌절에 대한 조용한 증인이 되어주었습니다. 제가 다 울고 나자 그는 저의 분노가 제 힘의 열쇠를 쥐고 있으며, 만약 제가 스스로에게 그것을 느끼는 걸 허락하지 않는다면, 제 인생의 다음 단계에서는 저의 진정한 잠재력을 완전히 소유할 수도 표현할 수도 없을 것이라고 부드럽게 설명했습니다.

"당신은 당신의 몸 안에 많은 힘을 갖고 있어요." 그는 계속 말했습니다. "분노를 통과해서 '밑바닥'에 있는 에너지와 연결되기 위해 움직이지 않는 한, 계속해서 막혀 있다고 느끼게 될 겁니다."

그다음에 일어난 일은 지금까지도 저를 놀라게 합니다.

와이엇은 발아래 땅 냄새를 맡으며 울타리에 기대어 서 있는 몬순에게 저를 데려갔습니다. 몬순의 머리는 저와 와이엇의 반대 방향을 향하고 있었고, 몸은 울타리와 평행했습니다.

우리가 몬순의 후반신에서 6미터 정도 거리를 두었을 때 와이엇이 말했습니다. "전 당신이 당신의 에너지로 몬순을 움직이길 바라요. 몬순이 완전히 한 바퀴를 돌아서 우리쪽으로 머리를 향했으면 좋겠어요."

"제 마음으로 몬순을 움직이란 말인가요?"

"아니에요." 와이엇이 대답했습니다. "전 당신이 당신의 에너지로 몬순을 움직이기를 바랍니다. 눈을 감고, 심호흡을 몇 번 하고, 몬순에게 말하세요. **움직여!**"

저는 아주 가만히 서서 눈을 감고, 제가 할 수 있는 한 최대한 열심히 몬순을 움직이는 데 집중했습니다. 마음속으로 '**움직여! 움직이라고! 움직여!**'라고 계속 소리를 질렀습니다. 그러나 몬순은 꼼짝도 하지 않았습니다.

와이엇은 제게 더 가까이 다가왔습니다. 그리고 단도직입적이지만 조용히 느릿느릿하게 말했습니다. "머리를 사용하지 마세요, 셰릴. 당신의 **배**를 이용해요." 그는 살며시 제 위장을 찔렀습니다. "여기로부터 말을 움직이세요."

저는 다시 눈을 감고 시간을 좀 갖자고 생각했습니다. 심호흡을 할 때마다 저는 제 복부 깊숙한 곳에 강렬한 에너지 덩어리를 만들어내는 자신을 상상했습니다. 그러고 나서 준비가 되었을 때 몬순을 **움직이겠다**는 목적으로 제 몸의 에너지가 몬순을 향해 움직이는 상상을 했습니다. 잠시 후에 몬순이 머리를 들어 우리를 돌아보고는 완전한 원을 그리며 걷기 시작했습니다. 몬순은 이제 나를 마주보며 제 눈을 똑바로 쳐다보았습니다.

저는 어안이 벙벙해져서 가만히 선 채로 몬순을 바라보았습니다. 그리고 와이엇을 향해 돌아섰는데, 그가 내 눈을 응시하며 이렇게 말하더군요. "이제 그런 힘으로 당신과 세상의 다른 사람들을 위해 무엇을 할 수 있을지 상상해보세요."

저는 그 순간과 그 메시지를 결코 잊은 적이 없습니다.

우리는 모두 정교한 의사소통 기계입니다. 우리들 각자는 매일매일 매 순간마다 에너지 신호를 전달하고 수신하며, 걷고 말하는 라디오 타워입니다. 밤하늘에 반짝이는 별처럼 우리는 우리를 서로 연결하는 에너지의 통합된 장에서 살고 숨 쉬고 있습니다. 모든 움직임, 우연한 생각, 혹은 무작위적인 생각은 이 장으로 나가서 어떤 식으로든 영향을 줍니다.

우리가 받고 내보내는 신호에 좀 더 세심하게 주의를 기울이는 걸 배우면 우리는 단지 우리뿐만 아니라, 우리 주변의 모든 사람과 모든 것에 영향을 미치는 거대한 창조력을 소유하고 있다는 걸 깨닫게 됩니다. 연습을 통해서 우리는 송신기를 보다 더 긍정적인 주파수로 조정할 수 있습니다. 이를 통해 삶을 더 좋게 만드는 데 이 에너지 넘치는 네트워크를 사용하는 우리의 능력에 더 자신감을 가질 수 있습니다.

토론토에 있는 제 호텔 방으로 돌아온 루이스 선생님은 이 점을 멋지게 표현해줄 이야기를 들려주었습니다.

저는 아까 받은 편지 내용이 너무 속상해서 계속 그 편지를 생각하며 차를 몰고 사무실로 가고 있었어요. 그 편지에 대해 곰곰이 생각하고, 머릿속으로 그 편지를 쓴 사람과 말다툼을 하고 있었죠. 그러다 갑자기 생각을 멈추었어요. 이런 식으로 생각하는 건 저의 기분을 좋게 하지 않는다는 걸 깨달은 것이죠. 전 차를 세우고 제 기분이 나아지기 위해 제가 들어야 할 말을 스스로에게 하기 시작했어요. 이런 말이었어요.

나는 이 일을 사랑으로 풀어낼 거예요. 그 일은 이미 완전히 끝내버렸어요.
나는 신선하고 새로운 나의 다음 순간을 기대하며 바라봅니다.
오직 좋은 경험만이 내 앞에 있어요.
내가 어디를 가든 난 그곳에서 사랑으로 환영받아요.
난 삶을 사랑해요. 그리고 삶은 나를 사랑합니다.
모든 것이 잘 되어가고, 나 또한 그렇게 되고 있어요.

얼마 지나지 않아 저는 긍정적인 방향으로 되돌아왔고 다시 제 길에 있게 되었어요. 잠시 후에 라디오를 켰는데, 입이 귀에 걸리도록 미소 짓게 하는 쓸쓸하면서도 영감을 주는 클래식 음악이 들려오더군요. 전 변화가 일어났다는 걸 알았어요. 기분이 훨씬 좋아져서 사무실에 도착했지요. 제가 현관문에 들어서자 한 직원이 "사랑합니다"라며 인사를 건넸어요. 제 책상 위에는 직원의 배우자가 선물로 보내온 꽃병이 있었고요. 그리고 그날 늦게 미팅에서 논의해야 할 문제가 완전히 해결되어 결국 회의에 참석할 필요가 없어졌답니다. 바로 그 순간에 저는 큰 소리로 말했어요. "감사합니다, 감사합니다, 감사합니다."

루이스 선생님이 들려준 이야기를 들으며 저는 그녀가 자신에게 내렸던 첫 번째 지시를 받아 적었습니다. "기분이 나아지기 위해 제가 들어야 할 말을 스스로에게 하기 시작했어요." **자기관리에서 첫 번째 가장 중요한 행위가 생각을 돌보는 것이라**는 걸 증명해주는 아주 훌륭한 예시였습니다! 우리가 그렇게 할 때 모든 사람들이 그 혜택을 입게 됩니다.

루이스 선생님은 자신을 빠르게 파악하고 다정한 내면의 대화로 상황을 반전시키면서 삶에 활기찬 메시지를 전달했고, 삶은 그녀를 행복하게 해주었을 뿐만 아니라, 그녀 주위에 있는 사람들의 경험도 풍부하게 만드는 방식으로 응대해왔습니다.

저는 그것을 다시 한번 말하려 합니다. 당신의 생각은 당신의 삶에 직접적인 영향을 줍니다. 물론 이 원칙이 어떻게 작용하는지, 작용하기는 하는지에 대한, 혹은 정말 현실로 나타나는지에 대한 논쟁에 휘말리기 쉽습니다. 하지만 이런 반론에 대해 토론하는 건 마치 당신이 좋아하는 프로그램을 즐기기 위해 라디오를 켜는 대신 라디오가 어떻게 작동하는지를 두고 논쟁을 벌이느라, 혹은 라디오를 의사소통이나 정보를 얻는 데 이용하는 대신 인터넷의 정당성에 대해 의문을 제기하느라 소중한 에너지를 허비하는 것과 같습니다. 이 지점에서 지적 도구보다 영적인 도구를 활용하려면 신뢰와 열린 마음이 필요합니다. 영적인 도구들은 삶을 더 쉽게, 더 보람 있게 만듭니다.

"저는 세계적으로 알려진 가족 치유 분야의 선구자 버지니아 사티어Virginia Satir와 함께 수업을 들은 적이 있어요." 루이스 선생님이 말했습니다.

그녀는 학생들과 설거지하는 여러 방법에 대해서 이야기한 적이 있다더군요. 학생들의 대답을 모았더니 설거지를 하는 방법이 250개 정도로 다양하더래요. 모두가 자신의 설거지 방법만이 설거지를 제대로 할 수 있는 유일한 방법이라고 생각했죠. 당신이 새로운 생각이나 새롭게 일하는 방법에 마음을 닫으면 당신은 더 쉽고, 더 나은 방법을 놓칠 수 있어요.

셰릴 씨, 당신과 저는 특별한 삶을 살기 위한 더 쉬운 방법으로 사람들을 연결시키려고 노력하고 있어요. 사람들이 그 개념을 이해하고 그것을 실천에 옮길 때 그들은 자신을 우주와 함께 유동의 상태에 놓을 것이고, 기적이 일어나기 시작할 거예요. 그러고 나면 그들은 자신에게 필요한 모든 증거를 얻게 될 거예요. 그들이 생각지도 못했던 일이 일어나기 시작할 겁니다.

◆ ◆ ◆

여러분은 보기 드문 영적 기계입니다. 현재 여러분의 몸에는 50조 개 이상의 세포가 있습니다. 그 모든 세포가 함께 작동하면서 여러분이 이 문장을 읽을 수 있게 해주죠. 여러분의 세포는 논쟁하지 않습니다. 그 세포들은 일이 어떻게 작동되는지 질문을 던지지 않습니다. 그리고 그것들은 누가 더 똑똑한지, 혹은 무엇이 더 효율적인지 논쟁하지 않습니다. 그것들은 아름다운 조화를 이루며 '여러분의 몸'이라고 불리는 기계가 주어진 순간에 가능한 한 가장 높은 수준으로 작동할 수 있게 합니다. 정말 진정한 기적입니다!

이와 같은 종류의 조화로운 상호작용은 우리의 외부 세계에서도 일어납니다. 생각, 말, 행동, 그리고 감정이 매일매일 창조적으로 통용되면서 우주의 에너지와 함께 신성한 협력 속에서 우리의 삶을 창조하기 위해 작동하고 있습니다. 긍정적인 방향으로 우리의 에너지를 집중하면 우리는 훨씬 더 많은 좋은 경험을 만들어낼 수 있습니다. 이건 정말이지 아주 간단한 일입니다.

이런 창조적인 힘에 대한 권리를 주장하고 여러분의 에너지를 현명하게 사용하는 것이 처음에는 어려울 수 있습니다. 결국 우리 대부분은 두려움 속에서 살고, 방어적으로 생각하고 행동하도록 훈련받아 왔으니까요. 무엇이 효과가 없는지, 무엇이 잘못되었는지, 혹은 무엇이 우리의 삶에 좋지 않은지를 찾으면서 말이죠.

단지 몇 분 동안 뉴스를 보거나 신문이나 웹사이트의 헤드라인을 읽기만 해도 사회 집단이 어디에 집중하고 있는지 알 수 있습니다. '당신이 마시는 물속에 도사리고 있는 위험을 발견하세요.' '경제가 다시 급강하하다.' '당신의 자녀를 늘 눈앞에 두어야 하는 10가지 이유'…. 쉼 없이 공포를 유발하며 계속되는 이런 메시지는 당신이 의식하지 못하는 방식으로 당신에게 영향을 줄 수 있습니다. 그리고 시간이 흐르면서 여러분은 부정적인 뉴스, 쓸모없는 드라마로 가득 찬 대화, 반복되는 해로운 생각에 끌리는 자신을 발견하게 될지도 모릅니다.

일단 이 사이클이 시작되면 결코 저절로 멈추지 않습니다. 여러분은 좋은 선택을 하는 것, 좋은 생각을 하는 것, 모든 길에서 방향 전환을 할 때마다 좋은 것을 나쁜 것으로 대체하는 것에 경계를 늦추지 말아야 합니다.

이 무섭고 우울한 에너지 속에 자신을 몰입시키는 건 영구적

　　Chapter.2 • 우리는 모두 최고의 삶을 만드는 위대한 창조자

으로 부정적 성향을 만듭니다. 예를 들면, 여러분은 사람들에게 최악의 상황을 보여주는 최근의 리얼리티 프로그램에 집착할 수도 있고, 항상 어떤 위기의 상황에 놓인 개인들에게 둘러싸인 자신을 발견할 수도 있습니다. 혹은 직장에서 극적인 사건에 휘말리는 바람에 자신의 삶에 생긴 문제를 불평하거나 험담하면서 그 문제에 일조할 수도 있습니다.

그것을 깨닫지도 못한 채, 우리는 우리의 삶에서 더 많은 부정성과 힘든 경험만을 만들어내는 부정적인 신호를 검색하고 발산하라고 우리의 라디오 송신기에 지시하는 생각과 행동 패턴을 개발하고 있습니다. 이 패턴들은 매우 개인적인 것이 될 수 있습니다. 매일매일 끊임없이 자신을 결함이 있거나 불량품이거나, 혹은 가치 없는 존재로 분류하면서 부정적인 고리 안에 가둡니다.

루이스 선생님은 제게 이렇게 설명합니다.

당신이 스스로를 싫어하고 자신에게 비열한 말을 하고 자신이 얼마나 추한지 말하고 거울로부터 숨을 때, 당신은 정말 불편한 감정을 느끼기 시작할 거예요. 기분이 좋을 수가 없어요. 하루하루를 즐기지 못하고 당신에겐 좋은 일이 생기지 않을 거예요. 하지만 거울을 들여다본다거나 자신을 사랑한다고 스스로에게 말하는, 심지어는 그렇게 하기 어렵거나 그것을 믿지 않을지라도 그런 간단한 일을 할 때 에너지는 움직일 거예요. 그렇게 하루를 보내면서 우리의 기분은 더 좋아지고 더 좋은 환경을 끌어당기게 돼요. 그럴 때면 주차할 만한 자리가 전혀 없는 곳에서 주차 공간을 발견하거나 길을 건널 때마다 녹색불이 켜지는 것 같은 어처구니없을 만큼 기분 좋은 일들이 벌어지죠.

◆ ◆ ◆

저는 이 모든 것이 어디서부터 시작되는지 궁금했습니다. 우리의 삶을 형성하는 이 힘과의 연결이 어쩌다가 끊어지게 되었을까요? 저는 루이스 선생님에게 이렇게 물었습니다.

"우리는 어렸을 때부터 '**멈춰**' 혹은 '**안 돼**'라는 단어에 대응하도록 교육받아요." 루이스 선생님이 대답하기 시작했습니다.

맞아요. 우리는 처음에 그런 단어부터 듣기 시작해요. 그래서 우리가 할 수 없는 것, 우리에게 허락되지 않은 것, 진실된 멋진 잠재력을 발휘하는 걸 방해하는 제한된 믿음에 더 집중하는 것이 정상처럼 되어버렸어요. 비록 그것이 자연스럽지 않더라도 말이에요. 이 세상에 수많은, 정말 많은 사람들이 모든 대화를 부정적인 말로 시작합니다. 그들에겐 그것이 정상이 되었어요. 예를 들면, 그들은 "오, 세상에! 하마터면 계단에서 넘어질 **뻔했어요**"라고 인사를 해요. 얼마 뒤에는 그런 부정적인 성향이 제2의 천성이 됩니다. 자신이 그렇게 하고 있다는 것조차 알지 못한 채 말이죠. 이런 경우는 어디서나 볼 수 있었어요.

2주 전쯤에 어느 가게에서 옷을 사고 있었어요. 사고 싶었던 옷을 몇 벌 찾았고 계산하려고 했죠. 세 명의 여성이 대화를 나누고 있더군요. 한 사람은 탈의실에 있었고, 다른 두 사람은 탈의실 밖에 서 있었어요. 그들은 대화를 나누고 있었는데, 대화 내용이 점점 자신들이 겪었던 부정적인 경험들로 바뀌었고, 서로서로 그런 경험을 더 얹으라고 부추기더군요.

저는 생각했어요. '여기에서 벗어나야겠어. 이 부정적인 말들을 참을 수가 없어.' 그래서 상점을 나왔다가 한참 후에 돌아갔어요. 카운터에 있는 점원에게 "그분들 얘기 다 끝나셨어요?" 하고 물었더니 점원이 계산을 하면서 웃더군요.

사람들은 긍정적인 경험에 이끌려요. 그 여성들은 자신들의 부정적인 대화가 한 명의 고객을 상점 밖으로 내보냈다는 걸 알지 못하겠죠. 전 단 한마디도 하지 않고 그냥 상점을 나온 사람들이 저 말고도 또 있을 거라고 확신해요.

"그럼 우리의 여정은 긍정적인 면을 강조하는 시간이 되겠네요?" 저는 웃으면서 물었습니다.

당신도 잘 알겠지만 훌륭한 선생님들은 많아요. 웨인 다이어_{Wayne} _{Dyer} 박사님, 아브라함_{Abraham}, 크리스티안 노스럽_{Christiane Northrop} 박사님. 이분들 모두 같은 메시지를 공유하고 있어요. 제 생각엔 기분이 좋아지는 것이 삶의 진정한 목표예요. 우리는 몸이 건강하기를 바라는데 그건 건강이 우리의 기분을 좋게 하기 때문이에요. 사람들과 좋은 관계를 갖고 싶어 하는 이유도 기분이 좋아질 거라고 생각하기 때문이죠. 기분이 좋아지는 걸 목표로 만들려면 필요 없는 많은 여분을 없애야 합니다. 난 지금 이 순간에 실제로 얼마나 기분이 좋을 수 있을까? 어떤 생각을 하면 **지금 당장** 기분이 좋아질 수 있을까? 우리는 스스로에게 이런 질문들을 끊임없이 던져야 합니다.

녹음기를 끄고 물건을 챙기면서 저는 생각했습니다. **'아멘, 자매님.'**

기적을 가져오는 긍정 확언

큰 소리로 읽으며 써보세요.
내 인생에 작지만 위대한 변화가 일어납니다.

오직 좋은 경험만이
내 앞에 있어요.

내가 어디를 가든
난 그곳에서 사랑으로 환영받아요.

모든 것이 잘 되어가고,
나 또한 그렇게 되고 있어요.

Chapter.3

아침 시간 10분의 긍정 확언이
어떤 하루를 살게 될지 결정한다

"오늘의 첫걸음에 힘을 실어주기 위해 기꺼이 에너지를 사용하세요."

저는 런던에 있는 코벤트가든 주변을 걸으며 아침 시간을 보내고 있었습니다. 어느 이른 가을날이었는데, 거리에서 공연하는 사람들과 상인들이 몰려들 사람들을 대비해 하루를 준비하고 있었죠. 전 런던을 너무나 좋아합니다. 다양성을 사랑합니다. 친절하고 품위 있는 사람들, 다양한 종류의 패션, 음식, 상점, 카페까지.

루이스 선생님과 저는 한 행사 때문에 이곳에 머물고 있습니다. 이 책의 집필 작업을 계속 진행하기 위해 오후에 만나기로 되어 있죠. 그 만남이 너무나도 기대됩니다. 선생님과 만났던 그

짧은 시간 동안 제 삶은 이미 선생님이 설명한 긍정적인 방식에 영향을 받았습니다. 예를 들면, 저는 하루 종일 저의 생각에 좀 더 주의를 기울입니다. 그리고 불쾌한 것에 대해 곰곰이 생각하는 시간이 점점 짧아지고 있습니다.

어떤 결정을 내렸을 때 제 기분이 좋을지 그렇지 않을지를 검토하며 선택을 저울질하는데, 개인적인 일이든 직업적인 일이든 다 그렇게 합니다. 만약 기분이 좋아지지 않을 것 같으면 **"아니"**라는 대답이 자동적으로 나옵니다. 책 한 권을 쓰는 동안 성장하고 배운다는 것은 너무나도 멋진 일입니다.

◆ ◆ ◆

루이스 선생님의 호텔 방문을 두드리니, 그녀는 반짝이는 푸른 눈으로 활짝 웃으며 저를 맞이합니다. 환영받는다는 느낌을 받을 수밖에 없죠. 우리는 서로의 아침에 대해 잡담을 나누고 바로 일을 시작합니다. 저는 커피테이블 앞에 있는 바닥에 자리를 잡고 앉아 녹음기를 가볍게 두드리며 루이스 선생님에게 어떤 생각이 떠오르는지 물어보면서 일을 시작합니다.

"우린 사람들에게 하루를 어떻게 시작해야 하는지 가르쳐야 해요." 루이스 선생님은 단단히 각오한 듯 대답합니다. "아침이 정말 중요해요. 하루를 어떻게 시작하느냐가 그날의 남은 시간을 어떻게 경험하게 될지 결정하거든요."

그리고 우리는 출발합니다! 루이스 선생님의 열정은 분명했습니다. 저는 이 우아한 여성이 이렇게 수업을 시작할 때마다 큰 소리로 웃습니다.

너무 많은 사람들이 '오, 제기랄! 또 하루가 시작됐어. 일어나야 해, 젠장!' 이런 생각으로 하루를 시작해요. 만약 하루를 형편없이 시작한다면 당신은 영원히 좋은 하루를 보내지 못할 거예요. 그건 불가능하지요. 당신이 최선을 다해 아침을 끔찍하게 만들면 당신의 하루는 정말 끔찍해질 거예요.

루이스 선생님의 말을 들으며, 저는 저의 20대 중반으로 돌아가 알람시계가 울리면 잠시라도 더 자기 위해 버튼을 누르던 날들을 떠올렸습니다. 그때 저의 아침은 일하러 나가기 전에 얼마나 오랫동안 침대에서 버틸 수 있는지로 시작하는 게임이었습니다. 저는 제 인생이 별로 마음에 들지 않았고, 직장에 큰 기대도 없었습니다.

이제 저는 루이스 선생님과 함께 여기 앉아서 매일매일 알람을 끄며 끔찍한 아침을 맞이하는 수백만 명의 남녀에 대해 생각합니다. 그들이 **'일어나기 싫어. 오늘 가야 하는 그곳이 정말 끔찍해.'** 혹은 **'일어나서 내 구질구질한 인생과 마주하느니 차라리**

다시 잠들고 싶어.' 이런 강력한 메시지를 세상에 내보내는 걸 떠올리면서 움찔하며 놀랍니다. 이런 생각들은 이것과 똑같은 결과를 더 많이 가져다줄 뿐입니다.

여러분이 하루를 시작하는 방식이 여러분이 하루 종일 경험하게 될 생각의 패턴을 만들어간다는 걸 깨달을 때, 그것은 게임 체인저로서 상황을 바꿉니다. 저는 루이스 선생님은 어떻게 하루를 시작하는지 궁금해서 그녀에게 상세히 알려달라고 부탁했습니다.

제가 몇 년 동안 해오는 소소한 일들이 있어요. 잠에서 깨는 순간, 침대 속으로 몸을 조금 더 밀어 넣고 침대의 느낌을 만끽해요. 그리고 밤에 푹 잘 수 있었음에 감사드려요. 전 긍정적인 생각과 함께 하루를 시작하면서 몇 분 동안 늘 이렇게 해요. 자신에게 이런 말을 하면서요. "오늘은 좋은 날이야. 오늘은 정말 좋은 날이 될 거야." 그리고 일어나서 화장실에 가고, 이상 없이 건강한 몸에 감사드려요. 그리고 잠시 스트레칭을 해요. 저희 집 욕실 입구에 바가 달려 있는데, 거기에 매달려 체조를 하죠. 무릎을 가슴까지 세 번 올리고 그바에 매달려요. 아침에 그렇게 바에 매달리는 게 정말 좋다는 걸 알았어요.

저는 루이스 선생님이 욕실 입구 바에 매달리는 상상을 해봅니다. 그리고 마음속으로 우리 집에서 바를 걸 만한 완벽한 장소를 구석구석 떠올려봅니다. 선생님의 아침 일과는 무척이나 재미있게 들렸습니다.

스트레칭을 몇 번 하고 나서 커피 한 잔을 타서 침대로 가요. 전 침대가 정말 좋아요. 제 침대의 헤드보드를 비스듬한 각도로 특별히 맞추었어요. 책을 읽거나 글을 쓸 때 기댈 수 있도록요. 전 이 헤드보드를 수년 동안 사용했어요. 제 침실을 특별하고도 편안한 안식처로 만들기 위해 제가 실행한 일 가운데 하나죠. 지내기에 너무 근사한 장소예요.

"선생님의 침실에는 또 어떤 특별한 점이 있나요?"

"제가 거기 있다는 점이에요." 루이스 선생님은 어린아이처럼 활짝 웃으며 재빨리 대답했습니다. 우리 둘은 함께 웃음을 터뜨렸는데, 그 순간 저는 선생님의 반짝이는 눈동자 속에 보이는 어린 소녀의 뺨을 살짝 꼬집고 싶었습니다. 하지만 제 안에 있는 어린아이를 빨리 제지하고 선생님이 계속 말을 이어가는 데 집중했습니다.

"침대로 가서 영성과 관련된 글을 읽어요. 저는 동시에 여러 권의 책을 읽는 습관이 있어요." 저는 그녀가 현재 무슨 책을 읽고 있는지 알고 싶어서 재빨리 그녀에게 질문을 던졌습니다.

제 책《마음 생각Heart Thoughts》을 곁에 두고 있어요. 앉은 자리에서 쉽게 몇 개의 짧은 구절을 읽을 수 있거든요. 앨런 코헨Alan Cohen의 《생명의 깊은 숨결A Deep Breath of Life》도 항상 옆에 두고 읽어요. 그리고 지금은 플로렌스 스코벨 신 작가의《인생의 게임과 그 방법The Game of Life and How to Play it》을 읽고 있는 중입니다. 정말 좋은 책이에요. 독서하고 나서도 시간이 있으면 크로스워드 퍼즐을 맞추기도 해요. 몸을 스트레칭하고 나서 제 마음을 스트레칭하는 거죠. 이것이 제 일상적인 아침이에요. 그러고 나서 하루 일과를 시작하죠.

루이스 선생님의 아침 일과는 하루를 시작하기에 완벽한 방법처럼 보였습니다. 저는 그 아침 일과가 얼마나 걸리는지 궁금했습니다.

사람들을 만나기 전에 제 자신에게 2시간 정도는 주려고 노력해요. 여유를 갖고 일할 수 있는 걸 좋아하죠. 저는 시간 갖는 법을 배웠어요. 침대에 앉아서 아침으로 무엇을 먹을지를, 맛있고 몸에 좋은 어떤 것이나 제가 정말 즐기게 될 어떤 것을 생각할 때도 있어요.
그날 중요한 일이 있으면 그 일에 대해 긍정의 말을 많이 하고 상황이 이미 벌어지고 있는 것처럼 현재 시제로 말합니다. 예를 들어, 인터뷰 일정이 있다면 스스로에게 이렇게 말해요. **"이것이 근사한 인터뷰라는 걸 난 알아. 내 자신과 다른 사람 사이에서 생각이 편**

안하게 흐르고 있어. 저 사람은 내가 주는 정보에 엄청 기뻐하고 있어. 모든 게 부드럽고 쉽게 진행되고 있어. 우리 둘 다 즐거워하고 있어."

저는 그렇게 긍정적이고 낙관적인 루이스 선생님의 능력에 놀랐습니다. 우리 둘이 지금까지 보낸 시간만으로도 그녀의 성격이 일관되고 변함없다는 걸 알기에 충분했습니다. 이 여성은 분명히 자신이 만든 긍정적인 세상에 살고 있었습니다. 이것은 너무나도 이례적인 일이어서 저는 그녀가 기분이 언짢은 적이 있기는 한지 무척이나 궁금했습니다. 그래서 선생님이 아침 일과에 대한 설명을 끝냈을 때 물었죠.

"선생님은 불쾌한 날을 보내거나 안 좋은 기분으로 잠에서 깨거나 우울한 적은 없나요?"

루이스 선생님은 대답을 하기 전에 충분한 시간을 갖고 제 질문을 신중하게 생각했습니다. 그러더니 마침내 천천히 입을 열었습니다.

"더 이상은 안 그래요. 전 오랜 시간 동안 좋은 습관을 연습해 왔고, 이젠 완전히 자리를 잡았어요. 연습이 관건이에요."

◆ ◆ ◆

우리는 잠시 휴식을 갖기로 했지만 그 와중에도 계속 대화를 나누었습니다. 저는 혹시나 하는 생각에서 녹음기를 켜두었죠. 좋은 시간이었습니다. 우리 둘은 사람들과 일상적인 시간을 보낼 때 어떻게 행동해야 하는지(일상에서 이런 일을 치르면서 자신에게 어떤 말을 하는지) 생각하면 잠재의식을 재프로그래밍하는 소중한 과정에 다가가게 된다는 것을 깨달았습니다.

우리는 매일 조금씩 규칙적으로 우리 자신을 향해 생각하고 말하면서 우리의 삶의 질에 직접적으로 영향을 주는 습관적인 생각의 홈을 깊게 만듭니다. 내면의 독백을 더 나은 삶에 기여하는 언어로 바꿀수록 우리의 삶은 더 좋아집니다. 이것이 변화를 위한 최고의 기회를 우리에게 제공하게 될 소소한 일상의 의식입니다.

사람들은 흔히 긍정의 말에 집중하려면 어딘가 조용한 곳으로 가야 한다고 생각해요. 아주 많은 사람들이 그렇게 생각하죠. 하지만 우리는 항상, 매 순간 어떤 말을 하고 있어요. 자신을 향해 말하고 생각하는 모든 것이 긍정 확언이 될 수 있습니다. 우리가 말하고 생각하는 것을 항상 의식하고 있어야 삶이 나아질 수 있어요.

그런 다음 그녀는 우리가 곰곰이 생각해보아야 할 질문들을 제시했습니다.

당신이 아침에 일어났을 때 자신에게 제일 먼저 하는 말은 무엇인가요? 샤워를 하면서 무슨 생각을 하세요? 면도를 할 때는요? 옷을 고를 때, 옷을 입을 때, 화장을 하거나 머리를 말릴 때 당신은 자신을 향해 무슨 말을 하나요? 아침을 차리거나 아이들에게 학교 갈 준비를 시키면서 무슨 말을 하세요? 이 순간들이 모두 유용하게 쓰일 수 있는 시간이에요.

지난 몇 년 동안 저는 좀 더 평화롭고 의도적인 방법으로 하루를 시작하는 게 중요하다는 것을 이해하게 되었습니다. 병을 앓는 남편 마이클을 4년 동안 간호하면서 우리는 완전히 변했죠. 우리 두 사람 모두 온화함에 대해, 자신과 상대방에게 친절하다는 것에 대해 새롭게 공감대를 형성했어요. 우리는 편안함과 자기관리에 더 집중하면서 살아갈 수 있게 되었습니다.

사랑하는 사람을 오랜 기간 돌보면서 생기는 특별한 종류의 탈진 증세 때문에 힘들어지면서 저는 더 이상 토스터에서 다 구워진 식빵이 튀어나오는 것처럼 침대에서 일어나 하루 속으로 서둘러 뛰어들어갈 수 없게 되었습니다. 너무 오랜 시간 동안 저는 해야 할 일을 적은 목록과 끊임없는 전투를 벌였고, 해야 할 모든 일을 끝내고는 마침내 긴장을 풀고 인생을 즐길 수 있는 여유를 갖기 위해 필사적으로 달렸습니다. 이제 저는 무엇보다 우선적으로 긴장을 풀고 삶을 즐깁니다.

루이스 선생님이 자신의 하루를 어떻게 시작하는지 묘사하는 것을 들으며, 저는 마이클이 병을 앓으면서 변해버린 저의 아침 일과를 어떻게 해야 할지에 대해 이런저런 생각을 했습니다. 지금은 일단 아래층으로 내려가 차를 끓이면서 하루를 시작합니다. 그리고 일기장과 제가 좋아하는 펜을 챙겨서 찻잔을 들고 집에 마련한 일광욕실로 가죠. 저는 열두 살 때부터 일기를 써왔고, 제 인생에서 글쓰기는 정서적이고 창의적인 자기관리에서 중요한 일과가 되었습니다. 저는 머릿속에 떠오르는 생각이 무엇이건 그걸 적은 후에 긍정의 말들로 한 장 전체를 채웁니다. 이것이 그날 제 생각을 올바른 방향으로 향하게 하는 저의 방법입니다. 그러고 나서는 저에게 영감을 주는 비디오를 보거나 좋아하는 책을 읽거나 웹 사이트에 들어가서 관심이 갈 만한 글을 찾아보죠.

저의 취향은 아주 다양해서 인물들의 전기, 영감을 주거나 영적인 책, 독자의 흥미를 불러일으키는 이야기, 건강 · 과학 · 테크놀로지에 대한 최신 뉴스까지 모든 것을 좋아합니다. 재미있고 웃긴 비디오도 좋아하죠. 이 시간은 저의 행복에 꼭 필요한 일부가 되었습니다.

이런 순간에 저는 다시 영감을 받고, 영양을 보충하고, 영혼을 살찌울 수 있습니다. 루이스 선생님처럼 저도 오전에는 회의, 미팅, 대화 등을 하지 않으려고 최선을 다해 노력합니다. 제가 저 자신의 생각과 감정과 연결된 상태에 머무를 수 있도록 저에게 시간을 주고 싶거든요. 회의, 사무실 업무, 전화 등의 일은 오후 시간대로 잡아놓아서 아침에는 글을 쓰거나 다른 창의적인 프로젝트를 진행할 수 있습니다.

저는 이런 식으로 아침을 보낼 수 있는 것이 대부분의 사람들에게는 사치라는 걸 알고 있습니다. 예전에는 시속 160킬로미터로 간다면(혹은 취직을 해서 출근을 해야 할 때) 운 좋게도 10분 정도 여유가 있었습니다. 그 10분이라는 시간으로도 차이를 만들어낼 수 있습니다.

루이스 선생님은 이 의견에 동의했습니다.

우리는 어느 시점에서는 출발해야만 해요. 만약 당신이 아이들에게 학교 갈 준비를 시키는 바쁜 엄마나 아빠라면, 혹은 아침 일찍 출근해야 한다면 하루를 시작할 수 있는 시간을 당신에게 맞는 방법으로 만들어야 해요. 저라면 아침에 여유 있는 시간을 갖기 위해 더 일찍 일어날 것 같아요. 여유 시간이 10분, 15분에 불과해도 그걸로 충분해요. 그건 자기관리를 위한 당신의 시간이에요. 반드시 필요한 시간이지요.

제가 항상 지금처럼 아침 시간이 충분했던 건 아니에요. 우린 작은 걸음부터 떼어야 해요. 아침에 일어나서 자신의 기분을 좋게 만드는 행동을 하고, 기분이 좋아지는 말을 자신에게 하는 건 정말 중요해요. **"삶은 나를 사랑해."** 이런 말이 좋은 출발이 됩니다. 이런 말은 아주 편안하게 부담 없이 할 수 있거든요. 그러고 나서 아침 식사가 편안한지, 맛있고 당신 건강에 좋은지 확인하세요. 당신의 몸에 좋은 아침 식사를 선사하세요. 당신의 마음에는 좋고 편안한 생각을 선물하고요.

침대에서 일어나자마자 우리는 가능한 한 최선의 방법으로 하루를 준비하기 위해 긍정의 힘을 모두 이용할 수 있습니다. 여러분이 아침 시간을 보내면서 스스로에게 말할 수 있는 몇 가지 예를 들어보겠습니다.

아침에 일어나서 눈을 떴을 때
굿모닝, 잠자리가 무척 편안했던 것에 감사합니다.
나의 침대를 사랑해요.
너무 사랑스러운 ○ ○ ○ (당신의 이름), 오늘은 축복이 가득한 날이 될 거예요.
모든 게 잘 될 거예요.
내가 오늘 해야 할 모든 일을 위한 시간이 충분할 거예요.

욕실의 거울을 들여다보며
굿모닝, ○ ○ ○ (당신의 이름)을 사랑해요.

난 정말정말 당신을 사랑하고 있어요.

오늘 우리에게 좋은 경험들이 다가올 거예요.

오늘 정말 멋있어 보여요.

미소가 정말 근사해요.

오늘 화장(머리 스타일)이 완벽해 보여요.

당신은 나의 이상적인 여성(남성)이에요.

우리는 오늘 멋진 하루를 보낼 거예요.

진심으로 사랑해요.

샤워를 하면서

난 내 몸을 사랑해요. 그리고 내 몸은 나를 사랑해요.

샤워를 한다는 건 정말 즐거운 일이에요.

물이 몸에 닿는 느낌이 너무 좋아요.

이 샤워기를 디자인하고 만들어준 사람에게 감사드려요.

난 정말 축복받은 인생을 살고 있어요.

화장실을 사용하며

내 몸에 더 이상 필요하지 않은 모든 걸 편안하게 내보내요.

음식을 먹고, 몸이 흡수하고, 그리고 내보내는 이 모든 것이 신성 속의 올바른 순서예요.

옷을 입으며

나의 옷장이 너무 맘에 들어요.

옷을 입는 게 내겐 아주 편하게 느껴져요.

난 항상 가장 좋은 옷을 골라요.

내가 입은 옷은 편안해요.

내면의 지혜를 믿고 나는 나에게 딱 맞는 옷을 골라요.

루이스 선생님은 아이가 있는 사람이라면 하루를 제대로 시작하는 것이 즐거우면서도 매우 중요한 일이라고 말했습니다.

아침은 종종 부모와 아이들 간에 밀고 당기는 시간이 되기 쉬워요. 만약 아이들이 옷을 입을 때, 혹은 가족이 함께 아침을 먹을 때 아이들과 함께 긍정의 말을 하는 습관을 들일 수 있다면 가족 모두가 좋은 하루를 보낼 수 있을 거예요. 아이들에게 소중한 삶의 기술을 가르치는 기회가 될 수도 있고요.

이 말을 듣자마자 저는 제 친구 낸시를 떠올렸습니다. 그 친구는 간단한 게임으로 그녀의 언니 가족들의 아침을 바꾸어놓았죠. 낸시가 다섯 살짜리 남자 조카와 다음에 만날 때까지 엄지손가락을 그만 빠는 내기를 했을 때였습니다. 그걸 본 여자 조카 이자벨이 자기도 게임을 하고 싶다고 했답니다.

이자벨은 아침을 너무 싫어하고 학교 가는 걸 거부해왔다고 하더군요. "이자벨은 잠에서 깼을 때 짜증을 내고 투정을 부렸어. 그리고 너무 고집을 피워서 가족 전부에게 엄청난 스트레스를 줬지. 난 이자벨한테 행복한 아침 소녀가 되려면 무엇이 필요한지 물었어. 그랬더니 이자벨이 '77달러요.' 이렇게 대답하는 거야. 그래서 이 게임을 이용해서 이자벨에게 긍정적인 아침 습관을 가르쳐주자는 마음으로 그렇게 하자고 했어."

낸시는 이자벨에게 아침을 즐겁게 보내는 법을 배운다면 6주 후에 77달러를 주겠다고 말했습니다. "내가 이자벨한테 뭐라고 했는지 알아? '아침에 눈을 뜨면 잠에서 깨도록 이불을 한 번 탁 치는 거야. 그리고 웃으면서 하루를 맞이하고 옷을 입는 거지. 학교에 가겠다는 결심이 서면 그때 아침을 먹으러 식탁에 앉는 거야." 이자벨은 이 게임에 동의했고, 게임의 결과는 성공적이었다고 합니다.

낸시는 그 이후의 소식도 전했습니다. "두 달이 지나고, 이 새로운 아침 풍경이 가족들의 일상이 되었다고 언니가 말해줬어. 이자벨은 정시에 일어나서 행복한 얼굴로 아래층으로 내려와 아침을 먹는대. 물론 이불을 한 번 탁 치고는 말야. 재미있는 건 이자벨이 나한테 77달러를 달라고 하지 않았다는 거지." 처음에 이자벨은 용돈을 받으려고 이 게임을 시작했을지도 모릅니다. 하지만 이 새로운 습관이 가족 전부에게 하루를 시작하는 방법이 되고 나서는 보상이 필요 없었던 거죠. 가족들이 행복해진 것이 이 어린 소녀에게는 충분한 보상이었으니까요.

루이스 선생님은 제 친구가 아이들과 이런 방법을 시도했다는 것에 매우 큰 감동을 받았습니다. 그녀는 저에게 이렇게 말했습니다.

어린아이들에게 기분이 좋아지는 데 도움이 되는 방법을 알려주어야 해요. 아이들이 아침 내내 반복할 수 있는 간단한 메시지로 시작할 수 있어요. 예를 들면 **"옷 입는 게 너무 쉬워요. 난 옷 입는 게 좋아요. 아침을 먹는 건 신나는 일이에요. 우리 모두 서로 만나서 정말 기뻐요. 가족이랑 아침 먹는 게 좋아요. 아침을 먹으면 내 몸이 좋아해요."** 이런 말을 하는 거죠.

부모님들이 식탁 주변을 돌며 가족들에게 각자 자신에 대해 좋아하는 점을 한 가지씩 공유하게 할 수도 있어요. 또는 그릇에 긍정의 말을 넣어 놓고 온 가족이 하루 동안 집중하게 될 긍정의 말을 하나씩 선택하는 것도 좋은 방법이에요. 이것은 부부, 가족, 룸메이트 등 누구와도 할 수 있는 아침 의식이 될 수 있어요. 그날 경험하고 싶은 걸 긍정의 말로 만들어 공유할 수도 있고요.

저는 긍정적으로 생각하고 행동하는 방법을 아이들에게 알려준다면 세상이 얼마나 달라질지 상상해봅니다. 만약 우리가 학교 공부, 운동, 과외 활동에 쏟는 에너지의 10분의 1이라도 이 중요한 삶의 기술을 개발하는 데 투자한다면, 우리는 실제로 눈에 띄는 뚜렷한 방법으로 지구상의 일상을 바꿀 수 있습니다.

루이스 선생님과 런던에서 보낸 시간을 마무리하면서, 저는 저의 하루를 시작하는 방법에 더 많은 관심을 기울일 수 있게 되었다는 생각에 얼마나 신이 났는지 모릅니다. 저는 루이스 선생님에게 잠에서 깨어나는 순간부터 저의 생각과 행동에 더 신경을 쓰겠다고 말했습니다.

"한꺼번에 모든 걸 바꿀 필요는 없어요." 루이스 선생님이 제 의견에 이렇게 대답했습니다(그때 그런 직감이 들었죠. 틀림없이 그녀가 직장에서 만났던 사람들 중에 과잉성취자가 있었다고!).

아침을 위해 딱 하나의 의식을 선택해서 거기서부터 시작하는 거예요. 그리고 일단 그 의식이 끝나면 다른 의식을 골라서 계속 연습하세요. 너무 많은 걸 한꺼번에 실행하면서 쩔쩔매면 안 됩니다. 꼭 기억하세요. 기분이 좋아지는 게 가장 우선이에요.

저는 기분이 좋았습니다. 루이스 선생님의 호텔 방을 나올 때 저는 이 책을 집필하게 된 것이 축복이라고 느꼈습니다. 마감이나 원고 지연으로 고문당한다고 느꼈던 과거의 집필 경험과는 달리, 이번에는 영감으로 가득 차고 감사한 마음이 들었습니다. 어떻게 이렇게 다를 수 있을까요? 결국 저는 어떻게 해야 잘 사는지 아는, 그것도 예외적으로 아주 잘 아는 한 여성과 마스터 클래스를 이수한 셈이 되었습니다.

기적을 가져오는 긍정 확언

———

큰 소리로 읽으며 써보세요.
내 인생에 작지만 위대한 변화가 일어납니다.

오늘 우리에게
좋은 경험들이 다가올 거예요.

우리는 오늘
멋진 하루를 보낼 거예요.

난 정말 축복받은 인생을 가졌어요.

Chapter.4

일상의 모든 순간에
긍정 확언을 활용하라

"사랑을 목소리로 내어 말하면 훨씬 더 큰 힘이 생깁니다."

겨울이 다가오고 있습니다. 어둑한 빛과 춥고 눈 내리는 겨울이 시작되면 저는 기분이 약간 침울하고 우울해집니다. 하지만 이젠 달라졌습니다. 저는 오늘 아침에 웃으면서 잠에서 깨어났습니다. 침실 창문으로 밖을 내다보니 햇빛이 얼굴과 목을 따뜻하게 어루만지고 눈으로 흘러들었습니다. 저는 불과 몇 주 전에 시작한 아침 의식을 반복합니다. "고맙습니다. 이 침대에서 하룻밤 또 편안하게 휴식을 취하게 해주어서 감사합니다."

반려묘인 푸폰이 항상 앉는 자세로 제 팔 아래에 바짝 붙어서 제가 하는 말을 들으며 제 얼굴을 향해 발을 쭉 뻗고 있습니다.

오랜만에, 거의 처음으로 겨울이 기다려집니다. 이곳 노스이스트 지방에 부는 눈보라의 날카로운 아름다움, 눈이 내린 후 집안에 스며드는 적막의 담요, 그리고 이 책을 한 문장씩 채우고 써나갈 시간이 기다려집니다.

침대에서 나오기 전에 저는 푸폰의 눈을 들여다보며 "그래 예쁜 천사야, 오늘도 정말정말 멋진 하루가 될 거야"라고 말합니다. 저는 샌디에이고에 있는 루이스 선생님의 집을 방문할 예정입니다. 막바지 미팅 덕분에 우리는 며칠을 함께 일할 수 있는 기회를 갖게 되었습니다.

◆ ◆ ◆

샌디에이고는 매우 따뜻하고 햇살이 화창한 날씨여서 영하권인 메사추세츠 고향과는 딴 세상 같았습니다. 몇 시간 동안 여행을 해서 차 한 잔과 맛있는 식사가 정말 기대되었습니다.

자동차는 저를 우아한 건물 앞에 내려주었습니다. 제가 짐가방을 끌고 현관 안으로 들어서는데 친절해 보이는 도어맨과 마주쳤고, 그분이 저를 루이스 선생님의 집까지 올라가는 엘리베이터로 안내했습니다.

엘리베이터 문이 천천히 열리며 작은 현관이 나타났는데, 우아한 동양식 장식과 배경, 그리고 부드럽게 울리는 음악이 저를 맞이했습니다. 저는 현관벨을 눌렀고, 루이스 선생님이 그 특유의 미소로 저를 맞이합니다. "어서 오세요. 셰릴 씨. 들어오세요!"

저는 다른 세계로 들어서는 문턱을 넘었습니다. 마음이 차분해지는 첸팅chanting 소리가 손님을 맞이한다는 느낌이 들어 강한 흥미가 느껴지더군요. 저는 선생님을 돌아보며 물었습니다. "항상 이 음악을 틀어놓으시나요?"

"네." 선생님은 마치 스님처럼 부드럽게 문을 닫으며 조용히 대답합니다. 제가 놀라며 주위를 둘러보자, 그녀는 따라오라는 몸짓을 합니다. 그곳은 아름다운 스파 장소처럼 보였고 그렇게 느껴졌습니다.

루이스 선생님의 집은 넓었습니다. 집 안은 웅장했고, 장식들은 맑고 유쾌한 분위기였으며, 대담한 색으로 가득 차 있었습니다. 무성한 녹색 식물들이 줄지어 서 있는 입구에는 부드럽게 물거품을 일으키는 작은 분수가 있었습니다. 전면의 계단을 지나니 자비의 보살인 관세음보살의 거대한 동상이 마주 보입니다. 보살이 집에 와 있는 것 같습니다.

거실은 넓고 탁 트였으며 기다란 거실 창문으로는 샌디에이고의 시내와 발보아 공원이 내려다보였습니다. 저는 즉시 그랜드피아노 위에 놓인 아주 매혹적인 난초 화분으로 향했습니다. "와우, 언제부터 이걸 갖고 계셨던 거예요?" 저는 이렇게 묻지 않을 수 없었습니다. "너무 아름다워요."

"얼마 전에 어떤 분한테 선물을 받았는데, 필요할 때 난초만 다시 심으면 돼요."

거실의 다른 곳도 둘러보고 나니 이 집의 테마가 난초라는 걸 알 수 있었습니다. 어디에서나 난초를 볼 수 있었죠.

루이스 선생님은 제가 묵을 방을 보여주었고, 우리는 일단 짐을 정리하고 잠시 쉬었다가 이른 저녁을 먹기로 했습니다.

손님방에 짐을 풀면서 저는 루이스 선생님과 런던에서 만난 이후로 제 아침 일상이 어떻게 변했는지에 대해서 생각했습니다. 런던에서 집으로 돌아오자 제가 아침에 습관적으로 생각하던 것들이 무엇이었는지 알게 되었습니다. 제 스스로에 대해서 알게 된 것도 놀라운 일이었죠. 예를 들어, 제가 알게 된 한 가지는 샤워하는 동안 문제에 집중하는 패턴이었습니다. 저는 세수를 하거나 머리를 감기 시작하자마자 까다로운 메일을 써야 하는 일, 곤란한 요구를 거절할 일, 다가오는 데드라인 등의 걱정거리로 제 마음을 휘감았습니다. 샤워를 하면서는 기분이 좋아질 수 있도록 해결책을 찾으려는 부질없는 노력을 하며 제 마음속의 상황을 몇 번이고 바꾸었습니다. 수건으로 젖은 몸을 닦을 즈음이면 그날 마주해야 하는 일에 대해 불안감을 느끼곤 했지요.

이런 생각은 샤워부터 양치질, 그날 입을 옷 고르기, 옷 입기 등 다른 행동을 하는 내내 저를 따라다녔습니다. 얼굴에 주름이

늘었거나 몸에 상처가 난 걸 발견하면 안티에이징을 위한 처치나 다이어트의 필요성으로 생각이 확장되어 머릿속이 꽉 찼습니다. '셰릴, 이걸 다 어떻게 하지?'

의식하면 이 패턴이 차단됩니다. 우리 내면의 대화에, 우리가 매일매일 자신에게 하는 말에 주의를 기울이는 건 진실 안에 존재하는 방법입니다.

우리가 매일매일 스스로에게 주는 메시지는 그 메시지에 더 많은 힘을 주며 마음에 깊은 홈을 남깁니다. 뿐만 아니라, 그 메시지들은 우리가 집중해야 할 바로 그 문제를 우리에게 끌어내면서 이 세계로 에너지를 내보냅니다.

일단 저는 이런 식의 사고 습관이 얼마나 넓고 깊게 안착되어 있는지 깨달았고, 그것들을 바꾸는 일을 꾸준히 하기로 했습니다. 자기에 대한 사랑과 수용에 집중하면서 저는 제가 만들려고 하는 변화에 확신을 갖기 시작했습니다. 긍정의 말을 쓰고, 말로 표현하고, 집 안 곳곳에 그 말들을 붙이기 시작했습니다. '**내 생각을 바꾸는 건 쉽고 편안해. 내 아침 일상을 바꾸는 건 즐거운 일이야. 그리고 나 자신에게 친절하고 사랑스럽게 말하는 건 정말 뿌듯해**'와 같은 작은 신호들이었습니다. 심지어는 '**하루 종일 좋은 생각으로 샤워를 할 거야!**'라는 말을 써 붙이기도 했습니다.

루이스 선생님과 지난번에 나눈 대화에서 나왔던 많은 긍정의 말을 활용하면서 저는 불과 2주 만에 변화가 일어났다는 걸 알아챘습니다. 이런 새로운 생각들이 낡은 생각과 자리를 바꾸면서 저의 아침은 더 평화롭고 즐거워졌습니다. 저는 하루를 훨씬 더 잘 시작하도록 생각을 바꾸었고, 그러면서 기분이 좋아졌습니다. **정말** 좋았습니다.

◆ ◆ ◆

　루이스 선생님과 저는 저녁을 먹으러 근처 레스토랑으로 걸어갔습니다. 음식이 나오기를 기다리는 동안, 저는 루이스 선생님에게 저의 집에서 일어나고 있는 일, 즉 우리가 마지막으로 만난 이후 저의 삶에서 제가 만들어냈던 새로운 의식과 변화에 대해 설명했습니다.

　"아주 좋아요." 제 말을 다 들은 선생님이 미소를 지었습니다.

관심을 기울이기 시작했군요. 우린 하루 동안 자신에게 습관적으로 하는 말을 항상 의식하고 있어야 해요. 자신이 하는 말을 경청하는 걸 시작하는 게 중요합니다. 당신이 어떤 말을 세 번 이상 했다는 걸 알아챘다면, 아마 실제로는 훨씬 더 자주 말하고 있을 겁니다. 어떤 사람들은 "이런, 젠장"을 반복해서 말하고 있을 수 있어요. 그 사람의 하루 일과를 알면 그 삶을 알게 되지요.

저는 확실히 스스로 그것을 경험하고 있었습니다.

"이제 어떻게 하루를 만들어가는지에 대해 얘기해봅시다." 루이스 선생님이 이번에는 이런 제안을 했습니다.

우선 어떻게 집을 나서는지에 관심을 가져봅시다. 외출을 하러 문을 열면서 당신은 무슨 생각을 하고 무슨 말을 하나요? 문을 닫을 때는 무슨 말을 하죠? 계단을 내려가거나 차에 타면서 자신에게 무슨 말을 해요? 당신은 흥분과 열정으로 하루를 시작하나요, 아니면 걱정과 스트레스로 시작하나요? 집을 나서는 그 시간은 하루를 계획하고 하고 싶은 일을 계획하기에 아주 좋은 시간이에요. 하루를 그저 운에 맡길 수는 없지요.

저는 저의 일과에 대해, 그리고 하루를 계획하는 것에 제가 얼마나 익숙하지 않은지 생각했습니다. 저는 보통 현관문을 나서서 차고로 가는 계단을 내려갑니다. 스위치나 밸브 등을 다 껐는지, 제가 집에 없는 동안 고양이가 말썽을 부릴 만한 물건을 치워놓았는지 등을 곰곰이 생각하며 확인하죠.

차에 올라타서는 그날 해야 할 일을 차례차례 확인하거나 교통 체증을 피하려면 어떤 길로 가야 하는지를 고민합니다.

"하루를 다르게 시작하는 방법의 하나로 운전을 예로 들어봅시다." 제가 집을 나서며 어떤 행동을 하는지 눈치 채셨는지 루이스 선생님이 구체적인 예를 들어 이야기를 시작했습니다.

우선 당신은 자동차의 친구가 되어야 해요. 차에게 다정하게 말을 걸어보세요. 전 종종 "안녕, 잘 지냈지? 다시 만나니 반갑네. 사무실까지 즐거운 드라이브를 하게 될 거야"라고 말합니다. 차에 이름을 지어줄 수도 있어요. 전 그랬거든요. 저는 집을 나설 때 **"나는 좋은 운전자들로 둘러싸여 있어"**라고 말해요. 그리고 제 주변의 모든 차량을 향해 사랑을 보내고 있는지 확인하죠. 전 길 위의 모든 곳에 사랑이 있다고 느끼고 싶어요.

　　루이스 선생님은 운전을 할 때 활용할 수 있는 긍정의 말에 대해 말했는데, 저는 그것들을 재빨리 받아 적었습니다.

편안하게 운전할 거고, 너무 애쓰지 않아도 될 거예요.
내가 예상했던 것보다 부드럽게, 빨리 달릴 수 있을 거예요.
차 안에 있는 게 편안해요.
사무실까지(학교까지, 상점까지, 또 어디든) 멋진 드라이브가 될 거라고 믿어요.
사랑으로 내 차를 축복합니다.
길 위에 있는 모든 사람에게 사랑을 보냅니다.

자신에게 이렇게 말하며 운전을 하면 얼마나 멋진 드라이브가 될까요! 루이스 선생님이 운전할 때 이용한다는 그 긍정의 말들을 들었을 때, 저는 길 위의 모든 사람들에게 사랑을 보낸다는 그 발상에 대해 생각해보았습니다. 모든 운전자들이 그렇게 하는 세상을 상상해보았죠. 미친 생각처럼 들릴지도 모르겠지만, 우리의 미래에 대한 비전, 즉 모든 인간 존재들이 자신의 영적 본성을 이해함으로써 선의로 이 세상을 채우기 위해 마음의 창조력을 이용하는 미래를 상상해보세요. 그렇게 된다면 이 세상이 어떻게 변할지 그려보세요. 어쩌면 그런 미래에 대한 비전이 그렇게 억지스러운 것만은 아닐 수도 있습니다.

우리가 세상을 향해 에너지를 내놓는 것이 중요하다는 것, 우리 에너지가 영향력을 갖고 가능성을 유지한다는 것을 인식하면 아이들이 차에서 내릴 때 축복하는 것이 좋은 결과를 낳는다는 걸 알게 됩니다. 우체부나 식료품점 점원에게 사랑을 보내는 것 또한 좋은 결과를 가져오고, 직장에서 동료들과 즐거운 하루를 보내려고 노력하면 그 노력에 걸맞는 결과가 생긴다는 것도 깨닫게 되죠. 이런 간단하고 개인적인 행동들은 우리의 에너지를 올바른 방향으로 집중시키면서 이 세상을 더 나은 곳으로 만들겠다는 약속이 됩니다.

루이스 선생님은 계속 말합니다.

하루 종일 좋은 생각으로 마음이 흘러넘칠 수 있는 기회는 아주 많아요. 아주 간단할 수 있어요. 하루 동안 웃으며 자신에게 이런 말을 해보세요.

난 내 삶을 사랑해요.
난 오늘을 사랑해요.
삶은 나를 사랑해요.
빛나는 태양을 사랑해요.
가슴 속에 사랑을 느끼는 건 멋진 일이에요.
내가 하는 모든 일이 나를 기쁘게 해요.

이 모든 생각이 당신에게 완전히 새로운 경험을 만들어줄 거예요.

　　루이스 선생님과 저는 좋은 생각들로 하루를 채우기 위한 다른 방법들에 대해 브레인스토밍을 하기로 했습니다. 여기 우리가 생각해낸 몇 가지 긍정의 말들이 있습니다.

부엌에서
루이스 선생님이 제게 말했습니다.
"저는 요리할 때 스토브가 잘 작동하면 감사 인사를 건네요. 주방에서 일할 때 주방에 있는 모든 가전제품에 감사하는 습

관을 들이세요. 식기세척기, 블렌더, 차 끓이는 주전자, 냉장
고 등 주방에서 당신을 도와주는 모든 것에 고마워하고 긍정
의 확언을 건네세요."

안녕하세요. 주방은 나에게 영양을 공급해주는 곳이에요.
고마워요!
여기 있는 모든 가전제품이 내가 맛있고 영양가 있는
음식을 편하게 준비하도록 많이 도와주고 있어요.
냉장고 안에는 몸에 좋은 건강식품이 가득해요.
난 맛있고 영양가 좋은 음식을 쉽게 만들 수 있어요.
주방과 모든 기기들이 날 격려해주거든요.
난 여기 있는 모든 걸 사랑해요.

식사를 할 때
사람은 먹어야 살기 때문에 식사를 할 때도 긍정적인 말이 필
요합니다.

이 근사한 음식을 먹을 수 있어서 너무 감사해요.
난 사랑으로 이 음식을 축복할 거예요.
난 영양가 있고 맛있는 음식을 고르는 걸 좋아해요.
우리 가족 모두가 이 음식을 즐기고 있어요.

식사시간은 웃음소리로 가득해요.

웃으면 소화가 잘 돼요.

건강한 음식을 준비하는 건 기쁨이지요.

내 몸은 매끼마다 내가 완벽한 음식을 선택하는 방법을 좋아해요.

가족을 위해서 건강한 음식을 준비할 수 있다니, 난 정말 운이 좋은 사람이에요.

우리 가족 모두 우리 앞에 다가올 날을 대비해서 충분한 영양을 섭취했어요.

우리 집에서는 모든 음식이 조화를 이루고 있어요.

우리는 서로 큰 기쁨과 사랑을 모아요.

식사시간은 행복해요.

아이들이 새로운 음식을 맛보는 걸 좋아해요.

음식을 한 입씩 먹을 때마다 내 몸은 치유되고 건강해져요.

세탁을 하는 동안

이 책에서 당신이 가장 좋아하는 긍정의 말을 3~4개 골라서 세탁기와 건조기에 붙이고, 빨래하는 동안 스스로에게 반복해서 말하세요.

하루를 보내며

30초 동안 어깨의 긴장을 풀고 눈을 감으세요. 코로 깊게 숨을 들이마시면서 4까지 숫자를 셉니다. 숨을 참으며 2를 세고, 그리고 입으로 숨을 천천히 내쉬면서 4까지 셉니다. 눈을 뜨고 누군가에게 사랑이 가득한 생각을 보내면서 끝마칩니다.

덧붙여서, 하루 종일 자신에게 두 가지 질문을 하는 습관을 들이세요. 이 순간에 어떻게 하면 나 자신을 행복하게 할 수 있을까? 어떤 생각을 해야 즐거울까?

컴퓨터를 할 때

컴퓨터 패스워드를 긍정의 말로 바꿉니다. 아주 힘들게 이혼을 하고 나서 이 방법을 시작한 친구에 대해 루이스 선생님께 이야기한 적이 있습니다. 그는 자신의 패스워드 대부분이 전 배우자와 연관되어 있다는 것을 깨달았고, 그래서 활기찬 메시지를 줄 수 있는 패스워드로 바꾸었죠.

'난인생을사랑해'와 같은 패스워드로 로그인을 하면 얼마나 기분이 좋을지를 한번 상상해보세요.

"당신은 무언가 새로운 걸 배우거나 당신 삶의 특별한 부분에 영향을 주기 위해서 긍정의 말을 활용할 수도 있어요." 루이스 선생님이 덧붙였습니다.

몇 년 전에 저는 "어떻게 방향을 바꾸어도 잘 될 거야." 그리고 "내 수입은 지속적으로 늘어날 거야"와 같은 긍정의 말을 크게 써서 붙였어요. 전 시각적인 걸 즐기는 사람이라 매일 그 메시지를 볼 수 있어서 좋았어요. 그리고 얼마 지나지 않아 그 말들은 사실이 되었지요.

"그래서 우리가 할 수 있는 모든 곳에서 긍정의 말을 하라고 말씀하시는 건가요?" 저의 말에 루이스 선생님은 살짝 윙크를 하며 동의했습니다.

긍정의 말을 할 시간은 언제나 있습니다. 저는 화장실에 이런 말도 적어놓았어요. "나는 나의 세계 안에 있는 모든 사람들을 축복하고 번영하게 합니다. 그리고 나의 세계 안에 있는 모든 사람들이 나를 축복하고 번영하게 합니다." 화장실에 오랫동안 붙여놓았어요.

루이스 선생님과 저는 여유롭게 저녁 식사를 하고, 집으로 걸어가며 일찍 잠자리에 들기로 했습니다.

그다음 날 아침에 눈을 떴을 때 충분한 휴식을 취한 것처럼 편안했습니다. 침대에서 일어나 저에게 긍정의 말을 하면서 차 한

잔 마시러 주방으로 갔지요. 그러고는 거실 소파에 앉아서 멀리 보이는 산 위로 해가 떠오르기를 기다렸습니다. 그 순간, 제가 이곳을 아주 편안하게 느낀다는 걸 알았죠.

잠시 후에 루이스 선생님이 자신의 침대 맡에 두고 읽는 책 가운데 하나인 앨런 코헨의 《생명의 깊은 숨결》을 손에 들고 1층으로 내려왔습니다. 선생님은 그 책을 저에게 건네며 이렇게 말했습니다. "지난번에 얘기했던 그 책이에요. 한번 보세요." 제가 첫 페이지를 막 펼치려 하자 선생님은 "아무 페이지나 펼쳐서 그 책이 당신에게 무슨 말을 하는지 보세요"라고 말했습니다. 그러고는 자리를 떠났죠.

저는 눈을 감은 뒤 깊게 숨을 내쉬고는 책의 중간쯤을 펼쳤습니다. 그 페이지에 적힌 제목 '신을 위한 장소'를 읽는 순간 온몸에 전율이 흘렀습니다. "그곳에 들어가는 건 당신의 집에 제단을 세우는 것입니다. 하느님의 존재를 기억하고 기리는 장소입니다. 저는 동시발생성의 순간에 너무 놀랐습니다. 지난 한 달 동안 저는 우리 집에 재단을 놓을 만한 방을 마련하려고 남편과 의논 중이었습니다. 재단이 있었던 집에서 이사하고 난 뒤 그런 방이 너무 그리웠던 상황이었습니다." 앨런의 책에서 이 구절을 본 순간, 저는 재단을 만들어야 한다는 뚜렷한 신호를 받은 것 같았습니다.

저는 주방으로 가서 루이스 선생님과 그녀의 아파트에 앉아서 쉴 만한 공간이 몇 군데인지에 대해 이야기를 나누었습니다.

집이나 직장 환경을 어떻게 만드느냐에 신경을 쓰는 건 아주 중요
해요. 우리가 대부분의 시간을 보내는 곳이거든요. 저는 여러 장소
에 자리를 바꾸어서 앉아 있는 걸 좋아해요. 다른 경관을 즐기고 싶
어서요. 제 침실에는 책을 읽을 수 있는 체이스라운지가 있고, 침실
창가에는 생각할 때 앉고 싶은 의자가 있어요.
저는 정원, 주방, 거실, 침실 어느 곳에서나 저만의 공간을 가질 수
있는지 확인해요. 심지어는 제 일을 도와주는 셸리 씨의 사무실에
서 함께 일할 때도 편히 앉을 만한 장소가 있는지 확인한답니다.

　루이스 선생님은 의식적으로 관심을 갖고 모든 것을 세심하
게 배치하는 것이 분명했습니다. 몇 년 동안 저는 환경을 바꿀
만한 여유가 없다고 느꼈기 때문에, 그리고 너무 지치고 많은 일
에 치여 힘이 나지 않았기 때문에 그저 주변 환경을 참아내고 있
었습니다. 강연 코치로 훈련하던 초기에 저의 첫 멘토는 저를 격
려하고 힘을 북돋아주는 환경에서 살고 일하는 것이 중요하다
고 항상 강조했습니다. 그때부터 저는 그 생각을 진지하게 받아
들이기 시작했죠. 자질구레한 물건들을 치우고, 집과 사무실을
깨끗하고 질서정연하게 정돈하고, 제가 좋아하지 않거나 제게
필요하지 않은 것들은 모두 없앴습니다.

그러나 루이스 선생님이 책상이나 주방 식탁 어디에서 보아도 경관을 즐길 수 있도록 세부적인 것까지 신경 쓰는 것을 보니 주변 환경에 대한 제 생각도 한 차원 높아졌죠. 이것은 때때로 자신에게 '사랑해. 난 네가 필요로 하는 것에 신경을 쓸 거야'라는 의미심장한 메시지를 보내기 위한 작고 큰 변화가 됩니다.

루이스 선생님은 사무실이 있는 2층으로 저를 안내했습니다. 사무실에 들어갔을 때, 저는 선생님의 책상 주변에서 일부러 붙여놓은 게 분명한 긍정의 말들을 보았습니다. 그뿐 아니라, 컴퓨터 옆에 있는 아코디언 램프에 부착된 화장 거울도 발견했죠. 그래서 저는 "여기서 화장을 하세요?"라고 물었습니다.

루이스 선생님은 저를 돌아보더니 약간 놀라는 것 같았습니다. "책상 위에서 왜 화장을 하겠어요? 그건 미러 워크를 위한 거예요. 저는 낮 동안에 긍정적인 메시지를 저 자신에게 전달할 수 있도록 집 안 곳곳에 거울을 놓아두었어요."

제가 루이스 선생님의 회사에서 겪었던 당혹스러운 순간은 오래 지속되지 않았습니다. 선생님의 사랑스럽고, 편견 없는 방식이 그 어떤 것도 어리석다고 느낄 수 없게 만들었으니까요. 저는 미러 워크라는 방식이 약간 유치하다고 생각하면서 거울을 이용해서 어떻게 긍정의 말을 하는지 더 자세히 말해달라고 요청했습니다.

미러 워크는 아주아주 중요해요. 그저 몇 초밖에 안 걸려요. 거울을 보면서 "안녕, 루이스." "좋아 보이는걸." "정말 재미있어!" 이런 말을 하는 거죠. 하루 종일 자신에게 간단한 메시지를 꾸준히 말하는 건 정말 중요해요. 힘든 시기에 거울을 보면서 자신을 더 많이 칭찬하거나 더 많이 인정하고 더 많이 자신을 지지할수록 우리는 자신과 더 깊고 더 즐거운 관계를 발전시킬 수 있어요. 거울은 적이 아니라 동반자이자 친구가 되어야 해요.

저도 한때는 '내가 내 자신에게 가장 친한 친구가 되겠다'는 생각이 어리석은 동기 부여 슬로건처럼 들렸던 시절이 있었습니다. 지금도 그때를 기억해요. 그러나 지금은 그렇게 하는 게 너무나 중요하다는 걸 알고 있습니다. 우리들 대부분은 자신에게 너무 가혹합니다. 몇 년 동안 스스로를 채찍질해서(예전부터 우리가 해오던 소위 말하는 '엉덩이 차기' 방식) 긍정적인 변화를 만들어내도록 동기 부여를 할 수 있다고 믿어왔죠. 이제 저는 그것이, 즉 우리를 두려움에 떨게 하고 꼼짝 못하게 하는 제한적인 믿음을 강화하는 방법이 실제로는 어떤 결과를 가져왔는지 알고 있습니다.

미러 워크를 제 삶에 접목하면서 저는 어떤 상황에서도 제 자신을 옹호한다는 것이 무엇을 의미하는지에 대한 소중한 교훈을 얻었습니다. 지난 몇 년간 거울을 들여다보며 다정하고 사랑스럽고 힘이 되는 방식으로 저 자신에게 말하는 습관은 저와의 관계에 엄청난 영향을 주었습니다. 제 안에 믿을 만한 친구가 있다는 것, 그리고 그 친구는 제가 실수를 하든 잘못을 하든 뭘 하든 상관없이 제 곁에 있다는 것을 진실로 알게 되었습니다. 이 연습은 편안하고 안락한 지점을 뛰어넘어 새롭고 흥미로운 방법으로 제 삶을 확장할 수 있는 자유를 저에게 주었습니다.

루이스 선생님이 다시 말을 시작했습니다.

당신의 삶에 무언가 좋은 일이 생기면 거울을 보며 "고마워, 고마워. 정말 근사한 일이야. 이렇게 해줘서 정말 고마워"라고 말하고 싶어질 거예요. 만약 당신에게 끔찍한 일이 벌어지면 거울을 보며 "괜찮아, 난 널 사랑해. 이 일도 지나갈 거야. 무슨 일이 있어도 난 널 사랑해. 영원히"라고 말하고 싶을 거예요. 우리는 자신을 헐뜯고 깎아내리는 대신, 자신의 말로 스스로를 지지해야만 해요. 우리는 자신을 너무 가혹하게 헐뜯고 살아요. 그건 우리가 어렸을 때 들었던 다른 사람의 목소리죠.

맞습니다. 그건 '내성화된 부모', 즉 그들 자신의 두려움이나 자기 증오를 우리에게 투영했던 과거의 수호자나 권위자들의 목소리입니다. 예를 들어, 우리들 중 많은 사람은 우리가 제대로 하지 못한 것에 대해서만 지적을 받으며 자랐거나 "정말 잘난

척을 하는군요"라는 말을 듣지 않기 위해 우리의 재능이나 재주를 아주 작게 숨기면서 자신을 보호하도록 배웠습니다.

자신을 끊임없이 비판하면서 성장을 촉구하는 관행은 보편적이고, 우리는 이런 거친 목소리를 받아들여서 우리 안에 담았죠. 우리 부모님들도 똑같았습니다. 비판의 목소리는 세대를 이어 내려왔고, 우리는 그런 목소리를 듣고 거기에 복종하면서 우리의 모든 잠재력을 표현하는 걸 억제해왔습니다.

"이것이 바로 당신 스스로가 자신의 최고 지지자가 되어야 하는 이유입니다." 제가 잠시 생각에 잠기자 루이스 선생님이 다시 대화를 시작했습니다. "다른 사람이 그것을 해주기를 기대할 수 없어요. 당신이 자신의 지지자가 된다면 당신은 더 쉽게 새로운 일을 시도해볼 수 있어요."

미러 워크에 관한 수업이 끝난 후, 루이스 선생님은 저를 아래층으로 데리고 갔고, 거기서 우리는 하루를 어떻게 보낼지에 대해서 토론을 이어갔습니다. 저는 녹음기와 노트북을 가져와서 주방에 있는 탁자 위에 올려놓고 선생님이 아침 식사를 준비하는 모습을 바라보았습니다. 저는 직장에 좋은 생각과 의도를 가져오는 것에 대해 말하고 싶었습니다. 무엇보다도 우리는 대부분의 시간을 직장에서 보내고 있으니까요. 또한 그곳에서 우리는 부정적인 생각과 마주할 상황, 좋은 기분이 드는 생각과 행동을 실행할 기회를 많이 갖습니다. 루이스 선생님은 그 주제에 대해서 하고 싶은 말이 아주 많았던 것 같습니다.

루이스 선생님이 말을 꺼냈습니다.

몇 년 전에 저는 우리의 일을 축복하는 글을 썼어요. 그리고 그 글 속에서 저는 사람들이 자신의 직업을 더 좋게 느끼기 위해 할 수 있는 긍정적인 방법을 몇 가지 공유했어요.

지난 몇 년 동안, 저는 수많은 사람이 직장 문제를 개선하고 향상시키는 걸 지켜보았죠. 그들은 직장에서 막다른 골목에 있었어요. 지루해했고, 좌절했고, 인정받지 못한다고 느끼는 상황이었죠.

어떤 상황이라도 바꿀 수 있는 가장 강력한 도구로 우리가 공유할 수 있는 건 사랑으로 축복하는 힘이에요. 당신이 어느 직장에 다니든, 또는 그곳에 대해 어떻게 느끼든 상관없이 사랑으로 그곳을 축복하세요. 말 그대로입니다. 애매하고 모호한 방식으로 긍정적인 생각을 하지 마세요. 그 대신 "난 이 직장을 사랑으로 축복한다"라고 말하세요. 이 말을 크게 입 밖으로 낼 수 있는 장소를 찾으세요. 사랑을 목소리로 내어 말하면 훨씬 큰 힘이 생겨요. 그리고 거기서 멈추지 마세요. 직장 안에 있는 모든 것을 사랑으로 축복하세요. 각종 장비들, 가구, 기계, 제품, 고객, 함께 일하는 사람들, 그리고 당신

직업과 관련 있는 모든 것을 축복하세요. 그것은 놀랄 만큼 효과가
있어요.

저는 잠시 제 사무실에서 제가 축복해야 하는 것이 무엇일까
생각해봅니다. 매일 저를 도와주는 사소한 물건들, 제가 애지중
지하는 책상, 저의 컴퓨터, 아름다운 경치를 담은 액자 같은 창
문들, 제가 하루 종일 이용하는 펜들….

그러고 나서 저는 좀 더 중요한 부분에 대해 생각했습니다. 제
조수인 크리스와 니콜은 정말 다정하고 사랑스러운 여성들입니
다. 회계 장부 담당자인 로빈, 그는 정말이지 모든 세부적인 것
을 우아하고 쉽게 처리하죠. 또 최고의 실력자인 저의 웹마스터
테리. 저는 제가 존중하고 감탄해 마지않는 사람들과 협력해서
일할 수 있어서 다행이라고 생각합니다. 왜냐하면 직장 내의 인
간관계가 일을 하는 데 있어서 얼마나 중요한지 경험을 통해 잘
알고 있기 때문입니다.

수년 동안 저는 불만이 많은 직장 동료, 직원, 고용주들을 어
떻게 상대해야 하는지 도움을 바라는 수천 건의 요청을 받았습니
다. 그래서 저는 루이스 선생님에게 이런 관계를 개선할 만한
그녀의 생각을 공유해달라고 부탁했습니다.

이 요청에 루이스 선생님은 이런 말을 건넸습니다.

당신이 직장에 있는 누군가와 힘든 시간을 보내고 있다면 상황을 바꾸기 위해 당신의 마음을 활용할 수 있습니다. 제가 효과 좋은 긍정의 말을 소개할게요. **"나는 직장 내의 모든 사람들, ○○○ 씨를 포함한 모두와 좋은 관계를 맺고 있어요"**라고 말해보세요. 그 사람이 떠오를 때마다 그 말을 반복하는 겁니다. 출근을 하면서 **"나는 멋진 동료들에게 둘러싸여 있어요. 그들은 함께 있는 것만으로도 유쾌해지는 사람들이에요. 우린 함께 일하면서 정말 즐거운 시간을 보내고 있어요."** 이런 말들을 해보세요. 무슨 일이 일어나든 계속 이렇게 말하는 거예요. 다른 말을 하는 자신을 발견하면 바로 멈추고 "아냐, 안돼. 아냐, 난 모든 직장 동료들과 좋은 관계를 갖고 있어"라고 고쳐서 말하세요. 그들이 마음속에 떠오를 때마다 말이죠. 유독 당신과 부딪치는 사람이 떠오를 때마다요.

그들에게 무슨 문제가 있는지보다 그들이 어떤 면에서 괜찮은지 먼저 생각하세요. 그러고 나면 관계가 어떻게 향상되는지 깜짝 놀라게 될 거예요. 저는 당신이 상상조차 할 수 없는 일들을 많이 목격했어요. 당신은 그저 긍정의 말을 하세요. 나머지 상세한 건 우주가 정리하도록 하면 돼요.

저는 루이스 선생님에게 이 방법으로 동료와 좋은 관계를 유지하는 기적을 만든 실제 사례가 있는지 물어보았습니다. 그녀는 멋진 경험을 들려줄 준비가 이미 되어 있었습니다.

몇 년 전에 조지라는 이름의 고객이 절 찾아왔는데 나이트클럽의 피아니스트였어요. 첫 미팅에서 그가 이렇게 말하더군요. "저는 저의 새 직장에 마음이 무척 설레요. 그런데 문제가 한 가지 있습니다. 사장이 직원들 사이에서 평판이 아주 안 좋다는 점이에요. 모든 사람들이 그를 무서워해요. 어떻게든 사장을 피하려 하고, 심지어는 사장을 증오한다고 말하는 사람도 있어요. 제가 이 문제를 어떻게 풀어나가야 할지 걱정이에요."

그래서 제가 그에게 말했죠. "좋아요. 우선 직장에 도착하면 사랑으로 그 건물을 축복하세요. 엘리베이터나 문이 있으면 그것에도 축복을 보내세요. 그 장소 전체를, 그 안에서 일하는 모든 직원들을 사랑으로 축복하고, 당신은 사장과 아주 좋은 관계를 가질 거라고 확신하세요. **'나는 사장과 좋은 관계를 맺을 거예요'**라고 계속 말하세요. 그리고 퇴근할 때도 모든 것을 사랑으로 축복하세요."

6주쯤 지났을 때 그가 제게 와서 말하더군요. "모두가 놀라고 있어요. 사장이 저를 정말로 좋아해요. 항상 제게 다가와서 '이봐, 조지. 잘 지내고 있지? 자네는 정말 일을 잘해'라고 말을 걸어요. 심지어는 가끔 20달러짜리 지폐도 주머니에 넣어줍니다(그 당시에 20달러면 큰돈이에요). 다른 직원들 모두 충격을 받았죠. 저한테 계속 물어요. '도대체 무슨 짓을 한 거야?'라고요."

보세요. 조지한테는 효과가 정말 좋았던 거예요. 그 사장은 다른 모든 사람들한테는 아주 심술궂었지만 조지한테만은 친절했어요.

루이스 선생님의 이야기를 들으면서 저는 우리가 다른 사람들의 이야기에 얼마나 쉽게 이끌리며 그 상황을 속단하는지 알게 되었습니다. 조지처럼 우리들 중에 너무 많은 사람들이 새로운 상황(직장, 이웃, 자원봉사 그룹, 수업)에 직면했을 때, 우리가 가장 하고 싶은 경험을 직접 부딪쳐서 만들어나가기보다는 다른 사람들의 말을 우선 믿게 됩니다.

루이스 선생님은 이렇게 설명했습니다.

때때로 우리는 우리의 이야기를 싸가지고 다녀요. 예를 들어보죠. 만약 당신이 현재의 직장을 증오한다고 합시다. 그러면 당신이 새로운 직장으로 옮겨갈 때 그 증오심을 가져갈 위험이 있어요. 아무리 새로운 직장이 좋더라도 곧 그 직장을 싫어하고 있는 자신을 발견하게 될 거예요. 현재 당신의 내면에 갖고 있는 감정, 또는 생각이 무엇이든 간에 당신은 새로운 장소로 그 감정을 가져갈 거예요. 불만의 세상 속에서 살고 있다면 어디를 가든 그 불만을 발견하게 되죠. 오직 당신의 의식을 변화시켜야 당신의 삶에서 긍정적인 결과를 보게 됩니다.

만약 현재의 직장이 정말 싫다면 이런 긍정의 말을 한번 해보면 어떨까요? **"나는 나의 직장을 언제나 사랑해요. 나는 최고의 직장에 다니고 있어요. 항상 고맙게 생각해요."** 그렇게 한다면 새로운 직장에 다닐 때, 당신은 그 직장 생활을 정말로 즐기며 좋아하게 될 거예요. 지속적으로 이 말을 하면 당신은 자신을 위한 개인적인 규칙을 새로 만들고, 우주가 같은 식으로 답을 줄 겁니다. 좋은 마음은 좋은 마음을 끌어당기고, 삶은 언제나 당신에게 좋은 것을 가져다줄 방법을 찾을 거예요. 당신이 그것을 수용한다면 말이죠.

만약 새로운 직장을 얻고 싶다면, 현재의 직장을 축복하는 것에 더하여 **"나는 지금 이 일을 다음 사람에게 맡기려고 해요. 그는 여기에서 일하는 걸 매우 기뻐할 거예요"**라는 긍정의 말을 하세요. 당신이 다니고 있는 직장도 당신이 취직한 순간에는 당신에게 이상적인 자리였어요. 이제 당신의 자부심은 커졌고, 더 나은 곳으로 갈 준비가 되었어요. 그러니 이런 긍정의 말을 반복하세요.

나는 나의 모든 창조적인 재능과 능력을 활용하게 될 이 직장을 받아들입니다.

이 일은 성취감이 높고, 이곳에 매일 출근하는 것이 나에게는 커다란 기쁨입니다.

나는 나를 알아주는 사람들을 위해 일해요.

내가 일하는 건물은 환하고 밝고 통풍이 잘되며, 열정으로 가득 차 있어요.

새로운 직장은 완벽한 위치에 있고, 나의 수입은 충분하며, 그것에 깊이 감사합니다.

"우리가 마음속으로 자신을 좋은 상황에 놓으면 스스로 좋은 상황에 처하게 되는 거네요?"

그렇죠. 긍정적인 말을 하고 곤란한 문제를 가진 친구들에 대해 듣는 그런 사람이 되기를 원하는 거죠. 고민에 빠진 친구가 되기보다는요. 당신은 당신의 모든 생각으로 인생을 경험하고 있어요. 일단 그것을 깨달으면 당신은 인생에서 훨씬 더 많은 것을 할 수 있어요.

우리는 그날 하루를 준비하기 위해 그 즈음에서 휴식을 갖기로 했습니다. 우리는 샌디에이고 북쪽에 있는 칼스배드에 위치한 헤이하우스 사옥으로 가서 점심 미팅을 하고 직원들과 함께 사옥을 구경할 예정이었습니다.

루이스 선생님과 저는 그녀의 차가 있는 주차장으로 걸어갔습니다. 조수석에 앉으니 콘솔에 붙어 있는 긍정의 말이 보이더군요. 저는 그 글을 읽으며 빙그레 웃었습니다. 그 글은 '**간도 웃게 하세요**'였습니다. 순간 저는 저의 간을 물들이는 거대한 노란색의 미소 띤 얼굴을 상상했는데, 그건 간이 건강하고 행복하게 유지되는 모습이었습니다.

헤이하우스로 차를 타고 가면서 저는 직원으로 일하는 것에서 고용주가 되는 것으로 대화 주제를 바꾸었습니다. 회사를 운영하는 사람이 되었을 때 회사에 긍정적인 영향을 주는 방법이 궁금했거든요.

"당신이 고용주라면 직원들에게 감사할 줄 아는 것이 아주 중요합니다." 선생님이 당연하다는 듯 말을 꺼냈습니다. "사람들은 때때로 짧지만 기분 좋아지는 글이나 포옹을 원해요. 업무를 잘 처리했을 때는 인정받기를 갈망하고요. 이런 작은 것이 모든 사람을 기분 좋게 하지요."

"그러면 '철권통치'라는 오래된 발상은 이제 더 이상 통하지 않는 건가요?" 저는 반은 농담조로 물었습니다.

절대 안 돼요! 저는 직원들을 향해 소리를 지르면 직원들이 일을 더 잘할 거라고 생각하는 사장들을 이해할 수가 없어요. 그렇게 하면 직원들은 겁을 먹거나 화가 나서 일을 제대로 할 수 없어요. 사람이 그런 느낌으로 어떻게 일을 잘할 수 있겠어요?

상사나 사장이라면 자신이 직원들을 어떻게 대하고 있는지 알아야 해요. '음, 직원들이 더 열심히 일하도록 해야겠어!' 이런 생각으로는 그들을 열심히 일하도록 만들 수 없어요. 그저 직원들이 겁에 질린 채 일하게 될 뿐이에요.

루이스 선생님이 자신의 회사에서 일하는 직원들을 정말 세심하고 깊이 있게 대하고 있다는 것이 명백했습니다. 우리가 사무실에 도착했을 때, 그녀가 가장 먼저 한 일은 수년간 헤이하우스에서 일한 뒤 퇴직하는 직원을 위한 감사 비디오 이벤트에 참여하는 것이었습니다. 저는 그녀에게 무슨 말을 할 건지 질문했습니다.

이런 말을 하려고 생각했어요. "우리는 당신을 사랑해요. 우리는 당신이 여기를 떠나서 멋진 삶을 살기를 바랍니다. 이 회사에서 함께 일해주어서 감사해요. 우리에게 정말 많은 도움을 주었어요. 이제 앞으로 돌진해서 당신이 이전에는 해보지 못했던 새로운 모험을 즐기세요." 저는 직원들에게 메모를 전달할 때 이 말을 많이 적어요. **"당신의 인생이 계속 성장하고 넓어지기를."**

고용주에게 이런 종류의 메시지를 받는데, 어느 누가 힘이 나지 않거나 존중받는다고 느끼지 못하거나 자신감이 떨어질 수 있을까요? 누구라도 더 열심히 일하고 회사가 성공하는 데 기여하고 싶을 겁니다. 지속적이고 긍정적인 피드백은 직장에서는 드문 일입니다. 우리들 대부분은 긍정적인 지지를 받으며 성장하지 않았기 때문에 어른이 되어서도 다른 사람들에게 긍정적인 지원을 할 생각조차 하지 못합니다.

저의 첫 번째 인생 코치는 자신의 고객을 지지하는 것에 끈질기게 매달렸습니다. 그는 제게 가로 세로 12X7센티미터 색인 카드 몇 장을 사무실에 붙여놓게 했는데, 그 카드에는 **"지지합니다! 지지합니다! 지지합니다!"** 라고 적혀 있었습니다.

그는 제가 저의 고객들의 강점과 성공을 위해 강력한 지지자가 되어야 한다고 끊임없이 상기시켜 주었습니다. 이는 특히 고용주가 개발하고 실행해야 할 기술임이 분명합니다. 그들은 이런 종류의 일상 습관을 통해 아주 많은 것을 얻게 될 겁니다.

루이스 선생님은 헤이하우스에서 회사 직원들을 소개해주었는데, 그때까지 전화나 이메일로만 연락하며 일했던 사람들의 얼굴을 직접 보게 되어 반갑고 기뻤습니다. 이 회사에는 세상에 내놓는 제품들, 책, 이벤트, 온라인 프로그램, 영화, 그리고 고객들에게 긍정적인 영향을 끼치고 그들의 삶을 변화시킬 다른 도구들에 매우 민감하고 세심하게 신경 쓰는 훌륭한 직원들이 많았습니다.

오후 내내 루이스 선생님과 저는 미팅에 참석하고 대화를 나누었는데, 그녀는 항상 긍정적이고 낙관적인 태도를 유지했습니다. 여든네 살인 그녀가 가진 에너지의 힘을 저는 도저히 따라갈 수가 없었습니다!

우리의 만남 마지막 날, 저는 헤이하우스의 라디오 제작팀과 작별 인사를 하기 위해 제작팀 사무실에 들렀습니다. 제작팀 사무실은 건물의 안내센터에서 가까운 곳에 있었고, 저는 정문에서 루이스 선생님을 기다리고 있었습니다.

그때 루이스 선생님이 30대 초반으로 보이는 한 젊은 직원과 깊은 대화를 나누며 모퉁이를 돌아오고 있었습니다. 그들이 대화를 마쳤을 때, 저는 루이스 선생님이 그를 포옹하며 "당신을 사랑해요"라고 말하는 걸 들었습니다.

저는 정말 크게 감탄했습니다. **미국 기업에서 어떤 상사가 저렇게 할 수 있을까요?**

◆ ◆ ◆

그날 일을 마치고 집으로 돌아오는 길은 제가 가진 사고 패턴을 정리하는 시간이 되었습니다. 루이스 선생님의 집으로 가는 차 안에서 그녀는 우리의 하루 일과를 완성했습니다.

다시 한번 우리는 자신에게 질문을 던져야 해요. 집에 도착할 때 기분이 어떤지, 배우자, 아이들, 룸메이트를 볼 때 무엇을 느끼는지. 오래전에 만났던 한 친구가 생각나네요. 그녀는 늘 나쁜 소식으로 남편을 맞이했어요. 그때 전 그 친구를 보며 '왜 저렇게 하지?'라는 생각을 했죠. 결혼 생활을 할 때 저는 남편이 문을 열고 들어오는 순간, 언제나 포옹과 키스와 반갑게 환영하는 태도로 맞이했거든요.

그런데 제 친구는 남편에게 나쁜 소식부터, 예를 들면 화장실이 고장 났다거나 아이들이 너무 말썽을 부린다는 등의 소식부터 전했어요. 생각해보세요. 그 친구는 그런 소식을 전하기 전에 80초 정도는 기다릴 수 있잖아요. "여보, 사랑해요. 오늘 하루 어땠어요?"라는 인사를 먼저 한 후에 나쁜 소식을 전해도 충분합니다.

집을 나설 때처럼 집에 돌아올 때도 우리는 우리의 생각에 의식을 불어넣기를 원합니다. 잠시만 시간을 내어 자신에게 질문을 합니다. 주차장 진입로로 들어갈 때 기분이 어땠나? 현관문까지 걸어갈 때는 기분이 좋았나? 집 안으로 들어가며 다른 사람이나 나 자신에게 맨 먼저 한 말은 무엇이었나?

당연히 루이스 선생님은 현관문을 향해 걸어갈 때 해야 할 긍정의 말을 갖고 있었습니다.

좋은 저녁이에요. 집에 돌아왔어요.
집으로 돌아와서 너무 반가워요. 나는 이 집을 사랑해요.
모두 함께 근사한 저녁을 보내요.
가족을 만나게 되어 너무 기대가 커요.
오늘 밤 모두 함께 편안한 시간을 보낼 수 있을 거예요.
아이들은 숙제를 순식간에 해치울 거예요.
저녁 식사는 모두의 입맛에 딱 맞을 거예요.

루이스 선생님이 제게 물었습니다.

셰릴 씨는 집에서 보내는 저녁 시간을 기대하나요? 만약 그렇다면 이유가 뭘까요? 만약 그렇지 않다면 그 이유는 또 무엇일까요? 저녁을 직접 요리하거나, 아니면 테이크아웃을 할 때 무슨 생각을 하나요? 저녁 식사가 즐거운가요, 아니면 부담되고 찌증 나나요? 당신은 패스트푸드나 가공식품을 선택하나, 아니면 당신에게 영양분을 주는 음식을 고르나요? 청소할 때는 자신에게 어떤 말을 하나요? 잠자리에 드는 게 기대가 되나요?

그녀의 마지막 질문을 들었을 때 저는 웃지 않을 수 없었습니다. 저는 언제나 잠자리에 드는 걸 기대하거든요. 하루 일과가 끝나면 저는 책상을 정리하고, 내일 아침에 할 일을 계획하고, 문을 닫습니다. 확실하고 깔끔하게 업무를 끝내는 건 중요합니다.

잠자러 갈 시간이 되면 저는 침대를 저의 안식처, 즉 몸을 회복하고 치유하는 공간이라고 생각합니다. 어떤 사람이 제게 성공의 비결에 대해 물을 때마다 밤에 잘 자는 것이 언제나 리스트의 위쪽에 있습니다. 저는 하루에 적어도 8시간 수면을 지키려 노력하고 몸에 충분한 휴식을 주는 데 필요한 것을 진심으로 존중합니다. 필요한 수면을 취할 수 있는 몇 가지 간단한 지침을 이용하죠.

- 매일 밤 같은 시간(적절한 시간)에 잠자리에 든다.
- 침실에는 텔레비전을 두지 않는다.
- 침실은 어둡고 약간 서늘하게 유지한다.
- 잠들기 3-4시간 전에는 음식이나 카페인을 섭취하지 않는다.
- 이부자리는 부드럽고 편안한 것을 사용한다.
- 전기담요로 침대를 미리 따뜻하게 만든 후 눕는다. 따뜻해지면 전기 담요는 끄고 플러그도 뽑는다.
- 잠드는 데 좋은 책을 읽는다.

저는 보통 침실에 모든 전자제품을 들여놓지 않지만, 때때로 침대에 누워 휴대전화로 뉴스 기사를 읽는다고 루이스 선생님에게 고백했습니다.

루이스 선생님은 즉각 반대 의사를 보냈습니다. "안 돼요. 절대 그렇게 하면 안 돼요! 잠들기 전에 뉴스를 보면 당신의 꿈속으로 그 모든 부정적인 기분을 끌고 가는 거예요. 전 침대에서 뉴스를 보거나 읽는 건 무조건 반대예요!"

하지만 저는 뉴스를 모니터할 수 있는 장소에서 뉴스 읽는 걸 좋아한다고 말했습니다. 저는 매우 예민해서 저를 무기력하게 만들거나 불안한 느낌을 주는 폭력적인 뉴스나 이야기는 좋아하지 않는다는 말도 건넸죠.

"무슨 뉴스이건 상관없어요." 루이스 선생님이 제 말을 끊었습니다. "잠들기 전에 당신의 의식 속으로 무엇이 들어가는지에 매우 유념해야 해요. 전 이것을 확실하게 느껴요."

루이스 선생님의 이 말은 자신을 잘 관리하는 것은 우리의 생각을 관리하는 것에서 시작한다는 점을 다시 한번 상기시켰습니다. 우리의 정서적, 정신적 건강을 위험에 빠뜨릴 수도 있는 습관, 비록 일상적이지 않고 가끔씩 행하더라도 그 습관을 무시하거나 최소화하는 건 매우 쉽습니다. 잠들기 전에 뉴스에 노출되는 것에 대해 루이스 선생님이 그렇게 열정적으로 반대하는 걸 듣다 보니 지금부터 침대에서 뉴스 읽는 걸 당장 그만두어야겠다는 생각이 들었습니다. 대신 좋은 책에 관심을 쏟아야겠다는 생각이 들었죠.

"저는 제 마음에 와닿거나 독자의 흥미를 유발하거나 영감을 주는 그런 이야기 읽는 걸 좋아해요." 루이스 선생님이 다시 이야기를 시작했습니다.

책을 읽는 건 다른 어떤 것보다 우선이에요. 전 텔레비전도 많이 보지 않아요. 저에게 텔레비전은 너무 최신식이에요. 저는 텔레비전을 보며 자란 세대가 아니거든요.

저는 침대로 가기 전에 종종 명상 음악을 들어요. 어떤 때는 그 음악을 작게 틀어놓고 잠이 들곤 하지요. 보통은 하루를 축복하며 그날 일어난 일이나 제가 성취한 것에 감사를 드려요. 그리고 침대에 인사를 하고 잠잘 준비를 하죠. 때로는 마음속으로 그날 일어난 일을 되새겨보지만, 항상 그런 건 아니에요. 그날은 이미 지나갔으니까요.

하루를 마감할 준비를 하고 하루 종일 좀 더 의식적으로 사는 것에 대한 대화를 마치기 위해 저는 루이스 선생님에게 잠들기 전에 어떤 종류의 의식을 치르는지 물어보았습니다.

눈을 감고 숨을 몇 번 깊게 쉬어요. 숨을 들이쉬며 "삶은"이라고 말하고, 숨을 내쉬며 "나를 사랑합니다"라고 말해요. 잠들면서 몇 번이고 반복하지요. **"삶은 나를 사랑합니다. 삶은 나를 사랑합니다. 삶은 나를 사랑합니다."**

정말 멋진 하루의 끝입니다.

기적을 가져오는 긍정 확언

큰 소리로 읽으며 써보세요.
내 인생에 작지만 위대한 변화가 일어납니다.

난 내 삶을 사랑해요.

난 오늘을 사랑해요.

내가 하는 모든 것이
나에게 기쁨을 주고 있어요.

Chapter.5

부정적인 습관은 고칠 것이 아니라, 지금 끝내야 하는 것

"불만을 표현하기 위해 속으로 수십 번 되뇌는 습관은 불행을 초대하는 것입니다."

우리는 길을 잃었습니다. 제 남편 마이클과 저는 우리의 친한 친구 일린과 함께 플로리다 주의 올랜도에 있는 '해리포터의 마법의 세계'로 가는 중입니다. 저는 주말에 이 지역에서 열리는 컨퍼런스에서 연설을 하기로 했는데, 그때 루이스 선생님을 만나기로 되어 있었죠. 그래서 우리 세 사람은 컨퍼런스가 시작되기 전에 슬그머니 우리 안에 있는 아이를 즐겁게 해주기 위해 떠나기로 했습니다.

놀이공원까지 가는 데는 우리가 예상했던 것보다 시간이 훨씬 많이 걸렸습니다. 기름도 거의 떨어지고 마음도 지쳐가고 있었죠. 차를 렌트하는 곳에서 서류 작성하는 걸 기다리느라 너무 늦게 출발한 탓에 놀이공원 문을 닫기까지 몇 시간 밖에 남지 않은 상황이었습니다. 마이클과 일린과 제가 마침내 놀이공원에 도착했을 때, 우리는 게이트 입구를 통과해서 주차장으로 가는 길을 따라가려고 했습니다. 그런데 표지판이 헷갈리게 되어 있어서 저와 남편은 어느 쪽으로 가야 할지에 대해 논쟁을 벌여야 했죠.

저는 제가 맞기를 바라면서 한 방향을 가리켰는데, 남편이 그 방향으로 핸들을 돌리자마자 제가 틀렸다는 게 분명해졌습니다. 그래서 연료 탱크가 비었다는 걸 알려주는 표시등에 계속 신경을 쓰면서 고속도로로 다시 나갔지요. U턴할 곳(또는 주유소)을 찾지 못한 채 우리는 놀이공원에서 점점 멀어지고 있었습니다. 남편과 저는 서로에게 엄청 화가 났지만 친구와 함께 있는 터라 싸울 수는 없어서 서로 아무 말도 하지 않았습니다.

하지만 분노의 긴장감이 우리 사이에 무거운 띠처럼 드리워졌고, 저는 들끓는 속이 터지지 않도록 애써 참고 있었습니다. **'난 제대로 된 방향을 가리켰어. 표지판이 헷갈리게 되어 있었던 거라고. 마이클이 집중했더라면 이렇게 일이 엉망진창으로 꼬이진 않았을 거야. 저 사람은 항상 나한테 결정을 미룬다니까. 왜 자신이 직접 선택하지 않는 거지?'**

저의 마음은 극단으로 치달았고, 저는 그 상황을 되씹고 또 되씹었습니다. 저는 제가 옳았다는 걸 확신했습니다. 그러나 한편으로는 마이클이 직감을 믿지 못한 자신을 자책하느라 정신이 없다는 것과 자신이 길을 선택했어야 했다는 것을 충분히 인식하고 있다는 걸 알았습니다. 착한 일린은 뒷좌석에서 아무 말도 하지 않고 조용히 참을성 있게 이 사태가 해결되기를 기다리고 있었습니다.

조수석에 앉은 채 속으로 화풀이를 하고 있을 때, 좋은 생각을 선택하는 것에 대해서 루이스 선생님과 나눈 대화가 생각나더군요. 그때 내 마음 안에서 문이 열리고, 저는 희미한 빛을 보았습니다. 다르게 접근하자는 생각이 들었죠. 누가 무엇을 했느냐를 따지며 분노를 부채질할 것이 아니라(마이클과 나를 도와준 테라피스트가 오래전에 지적했던 부분), 이 상황을 기회로 삼아야 한다고 생각했습니다.

저는 손을 뻗어 마이클의 손을 잡고 마음으로 그에게 사랑을 보냈습니다. 저는 아무 말도 하지 않았습니다. 마이클도 가만히 있더군요.

우리 앞에 펼쳐진 길을 똑바로 바라보며 저는 신성한 근원에서 흘러나오는 사랑이 몸을 통해 제 손에서 그의 손으로, 그리고 그의 가슴으로 흘러 들어가는 것을 상상했습니다. 저는 마이클의 에너지가 부드러워질 때까지 몇 분 동안 계속 그렇게 마음을 보냈습니다. 마이클에게 계속 사랑을 보내면서 저는 무언가 흥미로운 점을 느꼈습니다. 저도 사랑을 느끼고 있었다는 점이죠. 일이 잘못되었다는 것에 화가 나는 대신, 저는 갑자기 남편이 더 걱정되었습니다. 그가 얼마나 스스로를 자책했을지를 떠올리자 제 마음이 누그러졌습니다. 이미 충분히 힘들어하는데 제가 왜 그 위에 고통을 더 쌓고 싶겠어요.

루이스 선생님과 만났을 때, 저는 그날 있었던 일에 대해 설명했습니다. 저는 선생님에게 그렇게도 간단한 일이 어떻게 그렇게도 깊은 영향을 줄 수 있는지 여전히 놀라고 있다고 말했습니다. 그렇게도 여러 번 바보 같은(어떤 때는 그저 바보 같은 것만은 아니었지만) 언쟁을 벌이는 동안, 저는 자신을 방어하는 걸 포기하고 사랑으로 경청해야 한다고 생각했지만, 그건 마치 적에게 항복하는 것처럼 직관에 반하는 느낌이었습니다.

결국 저의 자아는 어떤 입장을 합리화하는 데 능숙했던 것입니다. '아무런 잘못도 하지 않았는데 왜 패배를 인정해야 한단 말인가. 사랑을 보낸다는 것은 문제를 외면한 채 그저 덮으려는 것 아닌가. 우리가 진실이라고 알고 있는 것을 옹호하지 않는다면 어떻게 서로가 성장하도록 북돋을 것인가.' 이런 생각을 하고 있었던 겁니다.

"에고는 하나의 습성을 갖고 있어요." 루이스 선생님이 제게 말했습니다.

자아는 자신이 옳다고 주장하고 자신의 입장을 정당화하려는 습성이 있죠. 다른 사람들이 명백히 틀렸다는 걸 찾으려 애써요. 긍정적인 결과에 초점을 맞추거나 사랑을 쏟는 것이 효과가 있다고 생각하는 건 아주 간단하지만, 실제로 효과가 있습니다. 당신의 경우에는 계속 불평하고 언쟁하면서 문제를 단언하는 대신, 마음속으로 그저 미소를 짓고, 남편에게 사랑을 보내면서 그것이 효과가 있다는 걸 발견했을 뿐입니다.

저는 에고를 포기할 때의 저항감을 충분히 인식하고 있었기 때문에 루이스 선생님이 옳다는 걸 인정해야만 했습니다. 그건 정말 **효과가 있었습니다.**

우리는 너무 자주 문제에서 끌어낼 수 있는 모든 걸 갈아엎어야만 한다고 느낍니다. 우리는 **지금 당장** 해결책을 발견하기를 원하고 있어요. 저는 더 이상 이런 방법으로 문제를 다루고 싶지 않아요. 문제에서 더 많이 멀어질수록 해결 방법은 더 빨리 찾아옵니다. 제가 "**모든 게 잘될 거예요. 모든 일이 잘 풀리고 있어요. 이 상황에서 좋은 일만 생길 거예요**"라는 긍정의 말을 좋아하는 이유예요. 그것은 당신이 문제에서 완전히 벗어나 해결 방법이 있는 곳으로 당신을 끌어당기고 있어요.

당신은 해결 방법을 삶에게 말하지 않았어요. 그저 긍정의 말이 모든 사람에게 효과가 있을 거라고 확인해주었죠. 당신이 차에서 마이클과 마주한 상황이 아주 좋은 예시인데, 그런 결과가 나타난 건 당신이 반응을 아주 적게 했기 때문이에요. 그날 오후 내내 남편과 언쟁을 벌였다면 두 분 다 아주 짜증 나는 상태가 되었겠죠.

그건 맞는 말이었습니다. 우리가 상대방의 말에 귀를 기울일 수 있을 정도로 긴장이 풀리고 마음이 열렸을 때 우리 관계에 긍정적인 변화를 불러올 수 있습니다. 실제로 그날 저녁 늦게 호텔로 돌아왔을 때, 우리는 차분하고 논리적으로 낮에 벌어진 상황에 대해 이야기를 나눌 수 있었습니다.

지난 몇 년 동안, 우리는 서로 방어를 하려고 할 때는 대화가 불가능하다는 것을 알게 되었습니다. 그때는 아무 소용이 없습니다. 해결할 수 있는 방법도 없습니다. 그럴 기회도 없죠. 또한 우리는 좋은 방법으로 어려움을 이겨내고 나면 그 일은 놓아주는 게 중요하다는 것도 알게 되었습니다.

루이스는 몇 가지를 더 알려주었습니다.

문제가 해결되었을 때 우린 이제 그 문제가 지나갔다는 걸 기억해야 해요. 지나간 거예요. **우리는 불행하기 위해 과거로 빠져들기를 원치 않아요.** 계속 투덜거리며 살고 싶지 않아요. 불평불만을 일삼는 사람은 주위 모든 사람들에게 정말 골칫거리예요. 그뿐만이 아니라, 그 사람들은 자신의 세계에 엄청난 피해를 주고 있어요. 우리는 불만을 말로 표현하기 전에 마음속으로 그것을 되새기는 경향이 있어요. 몇 번, 수십 번, 또 수십 번. 맞아요, 수십 번이나요. 각자 습관에 따라 조금씩 차이는 있겠지만요.

이 지점에서 저는 제가 얼마나 바쁜지부터 마이클이 무엇을 하는지, 또는 하지 않는지에 이르기까지 모든 것에 대해 수년 동안 불평하는 데 쏟은 에너지의 양을 생각하며 뜨끔했습니다. 저는 생각의 힘을 이해하기 전에는 항상 짜증을 내는 '내면의 불평꾼'이었어요. 그 기분이 제 마음과 입을 맘대로 지배하도록 내버려두었죠. 그 불평꾼은 똑같은 일을 계속해서 몇 번이고 반복하며 움켜쥐고 놓지 않았습니다. 마치 그렇게 징징거리면 어떻게든 상황을 좋게 만들 수 있을 것처럼 말이죠.

"대부분의 사람들은 마음속으로 그렇게 끊임없이 불평하는 습관을 만들어왔어요." 제 생각을 읽은 것처럼 루이스 선생님이 말했습니다.

그렇게 할 때마다 그것은 확언이 돼요. 매우 부정적인 확언이죠. 불평을 하면 할수록 불평할 거리를 더 발견하게 됩니다. 삶은 언제나 우리가 집중하고 있는 것을 우리에게 주어요. 그래서 우리 삶에서 잘못된 것에 집중하면 할수록 우리는 잘못된 걸 더 많이 발견하게 된답니다. 잘못된 걸 더 많이 발견할수록 더 불행해지겠죠. 출구가 없이 계속 쳇바퀴를 도는 거예요. 끊임없이 삶의 희생자가 되는 겁니다.

"그것이 우리가 틀에 박힌 것 같다고 느끼는 상황이겠죠." 제가 덧붙였습니다. 다시 한번 말하지만 바로 그때가 운전석으로 돌아가서 우리의 생각에 책임을 져야 하는 시간입니다.

맞아요. 이 부정적인 산사태를 막을 수 있는 유일한 사람은 불평을 쏟아내는 사람 자신이에요. 하지만 우선 그들은 자신이 **무엇을** 하고 있는지부터 인식해야 합니다. 그다음에는 자신이 **어느 순간에** 그렇게 하는지 인식해야 하고요. 우리가 부정적인 확언을 말하고 있다는 걸 인식할 때, 비로소 우리는 변화를 만들어낼 수 있습니다. 자신을 해치는 이런 습관을 버려야 우리는 희생양에서 삶의 의식적인 창조자로 변하는 자신을 보게 될 거예요.

우리가 끝내고 싶은 습관이 불평이든 무언가 다른 것이든 그 과정은 같아요. 제가 **끝낸다**고 말했지 **고친다**고 말하지 않았다는 것을 기억해주세요. 우리가 무언가를 고칠 때는 그 잔해가 여전히 남아 있게 됩니다. **무언가를 끝낼 때는 그 경험 전부가 사라져야 해요.** 저는 그것이 처음 왔던 무無로 돌아가는 일이라고 생각해요. 습관은 어디에서도 온 게 아니기 때문에 어디로도 돌아갈 수 없어요.

우리 모두는 습관을 갖고 있어요. 어떤 습관은 우리의 든든한 지원자가 되어주지만, 어떤 습관은 우리의 기대를 저버리죠. 우리는 사랑과 기쁨, 번영, 건강, 그리고 행복하고 평화로운 마음을 만드는 데 보탬이 되는 습관을 선택하고 싶어 해요. 본능적으로 말이죠.

"그래서 우리는 지금 행하고 있는 습관을 누가 만들어냈는지, 그것을 바꾸려면 누가 책임을 져야 하는지 기억해야 하죠."

그렇습니다. 우리는 우리 생활에 부정적인 면이 있다는 걸 알면 어떻게 그것이 유지되는지 알고 싶어 해요. 우리는 무엇을 하면서 우리의 세상으로 부정적인 상황을 끌어들이고 유지하고 있을까요? 우리 모두는 지속적으로 자신을 창조해가는 아주 강한 창조자들이에요. 저는 경험을 통해 마음속에서 속삭이는 부정적인 잡담을 계속 의식하고 있는 것이 행복한 삶에 꼭 필요하다는 걸 알게 되었어요. 우리는 무슨 생각을 하고 있을까요? 왜 우리는 이런 생각을 하게 되었을까요? 이런 생각은 우리 세상에서 무엇을 만들어내고 있을까요?

일단 이 습관을 알게 되면, 그다음 단계는 이런 생각을 하는 자신을 자책하지 말아야 해요. 그 대신 자신이 무엇을 하고 있는지 알게 된 것을 기뻐해야 해요. 스스로에게 이렇게 말할 수 있어야 해요. **"이런 부정적인 반응을 보이는 게 놀랄 일은 아냐, 당연해. 이런 부정**

적인 생각을 하고 있었으니까. 이제부터 난 그런 생각을 할 때마다 그걸 의식하고 싶어. 그러면 그 습관을 끝낼 수 있을 거야." 그리고 그다음에 그런 생각이나 행동을 하는 걸 스스로 깨달을 때마다 이렇게 말하는 거죠. **"아, 내 자신을 다시 파악했어. 정말 잘했어. 이건 이 습관을 끝내는 과정의 일부야. 거기까지 온 거야."** 부정적인 습관을 끝내는 과정에 있을 때 우린 기뻐해야 해요. 지금 이 순간에 머물거나, 혹은 가능한 한 긍정적인 시선으로 미래를 내다보려는 게 우리의 취지예요.

◆ ◆ ◆

마이클과 제가 운전 중에 겪은 문제는 우리 모두가 살면서 직면하게 되는 일상적인 시험대의 한 예입니다. 좀 더 의도적으로 우리가 하루를 어떻게 보내는지 알려면 예전의 습관, 신념, 그리고 상황, 특히 우리가 스트레스를 받는 상황으로 인해 궤도에서 벗어나게 된다는 것을 마음속으로 명심하는 것이 중요합니다. 루이스 선생님과 저는 끝내야 하는 몇 가지 일반적인 습관들, 사람들을 곤경에 빠뜨리는 종류의 장애물들에 대해 계속 토론했습니다. 그 첫 번째는 돈과 관계된 것이었습니다.

저는 매주 인터넷 라디오 생방송 프로그램 〈코치 온 콜Coach on Call〉을 진행하면서 전 세계 사람들에게 코칭을 해줍니다. 저에게 걸려오는 전화 중에 자주 듣게 되는 내용은 대개 이렇습니다. 창업만이 재정적으로 빠르게 안정을 찾을 수 있는 길이라고 믿거나 자신들이 진정으로 안정되고 행복하다고 느끼려면 복권에 당첨되는 것밖에 없다고 믿는 것이죠. 그렇게 믿는 사람들은 그들을 꼼짝 못하게 묶어두는 미래의 환상에 매달려 '마법 같은 생각'이라는 수렁에 빠져 있습니다.

"자신들이 행복하려면, 또한 삶의 문제를 해결하려면 그저 돈만 있으면 된다고 생각하는 사람들이 너무 많아요." 루이스 선생님이 제 이야기를 들은 후 이렇게 말했습니다.

하지만 우리도 알고 있듯이 수천 명의 사람들이 엄청난 부를 소유하고도 여전히 수많은 문제를 안고 있어요. 분명히 돈은 모든 것을 해결해주지 않아요. 우리 모두는 행복하기를, 그리고 마음의 평화를 누리기를 원하고 있어요. 그런데 행복과 평안은 우리 **내면**의 일이에요. 우리는 돈을 아주 적게 갖고도 행복과 평안 둘 다 가질 수 있어요. 행복은 무슨 생각을 선택하느냐의 문제입니다. 부유하거나 가난한 상황은 당신의 내면에서 당신이 만들어내고 있어요.
우리 자신이 가질 수 있는 돈의 양은 우리의 신념 체계와 어린 시절 돈에 대해서 배운 것과 깊은 관련이 있어요. 예를 들어 많은 여성이 그들의 아버지보다 더 많이 버는 것은 어려운 일이라는 걸 어느 순간 알게 됩니다. '난 아버지를 능가할 수 없어.' 또는 '남자들만이

여자들보다 높은 급여를 받아.' 이런 믿음은 비록 그들이 그것을 의식하고 있지 못하더라도 그들을 억누릅니다.

그래요. '**복권에 당첨되면 내 모든 고민이 해결될 거야**'라고 믿는 사람들도 있어요. 터무니없는 생각이죠. 복권에 당첨된 사람들은 거의 모두가 1~2년 안에 그 이전보다 더 가난해져요. 새로운 부에 맞게 의식이 변하지 않았기 때문이에요. 새로 얻게 된 부를 관리할 기술이 없었을지도 모르겠지만, 그들은 자신들이 그 돈을 받을 자격이 있다고 믿지 않아요.

풍요로운 우주를 더 많이 믿을수록 우리의 요구는 더 많이 충족됩니다. 이것을 위한 긍정의 말은 "**삶은 나를 사랑합니다. 그리고 내가 필요로 하는 모든 것은 언제나 충족됩니다**"예요. 이 확언은 우리가 그 과정을 시작할 수 있게 해줍니다.

저는 루이스 선생님에게 제가 30대 초반이었을 때 재정적인 두려움과 싸웠던 것을 기억한다고 말했습니다. 그 당시 저는 혼자 살고 있었는데 전문 강사로서 사업을 키우려고 애쓰고 있었고, 돈을 내야 할 청구서에 대해 끊임없이 걱정하고 있었습니다. 제가 할 수 있는 일이라고는 돈이 없다는 문제에 집중하는 것뿐일 정도로 대부분의 시간에 돈 걱정만 하고 있었습니다. 그렇다고 해서 하룻밤 사이에 벼락부자가 되거나 복권에 당첨되어 횡재한다는 환상으로 저의 두려움을 달랜 건 아니지만, 걱정을 하면 상황이 어떻게든 마술처럼 변할 거라고 믿었습니다.

루이스 선생님이 제 말에 대답했습니다.

우리는 완전히 겁먹을 때까지 계속해서 걱정을 반복해요. 그뿐인가요? 자신의 생각으로 스스로를 두려움에 떨게 하는 사람들이 너무 많아요. 그러나 우리가 걱정하는 만큼 자주, 또는 그것보다 더 자주 긍정적인 확언을 반복할 때 기적은 일어나요. 문제가 무엇이건 상관없이 우리의 부정적인 상황은 이런 방식으로 방향을 바꾸지요.

저는 그 기간 동안 긍정적인 확언에 집중하기 위해 최선을 다했습니다. 하지만 마음이 너무나 불안할 때는 그런 습관을 유지하기가 힘들더군요. 그때 저는 어떤 중요한 사실, 즉 긍정의 말, **그리고 거기에 맞는 행동**이 성공의 열쇠라는 것을 배웠습니다. 직장을 구해야 한다는 사실에 직면해서 구직 활동을 할 때, 저는 갑자기 삶과 협조해서 일을 하고 있었습니다. 그리고 그때 상황이 바뀌기 시작했죠. 저는 '**완벽한 직장이 나를 찾아온다**'라는 긍정의 확언을 지속적인 만트라mantra로 활용했고, 미친 듯이 인맥을 쌓기 시작했습니다. 자신을 확고하고 집중된 마음 상태에 놓을 때 삶이 저의 상황을 반전시키는 데 필요한 자원, 사람, 기회를 가져다준다는 걸 깨달았습니다.

만약 우리가 우리의 생각을 바꾸고 그에 걸맞게 행동하면서 우리의 의식을 바꾸는 일을 기꺼이 한다면, 우리는 복권이 가져다줄 수 있는 것보다 훨씬 더 원대한 새로운 삶을 만들어낼 수 있어요. 그러고 나면 성공의 새로운 단계에 도달하면서 지속할 능력을 갖게 되죠. 의식의 변화를 겪었고 우리의 신뢰 시스템이 업데이트되었기 때문이에요.

하지만 기억하세요. 모든 사람들이 부자가 되면 행복해질 거라고 생각하지만 행복은 거기서 오지 않아요. 당신이 자신을 사랑할 수 없다면, 용서할 수 없다면, 고마워할 수 없다면 돈은 도움이 되지 않아요. 고함을 지르는 고용인이 더 많아질 뿐이에요.

루이스 선생님과 저는 취약한 재정 상태와 관련된 습관을 없애기 위해 누구라도 할 수 있는 몇 가지 조치에 대해 이야기했습니다.

첫 번째로 당신이 당신의 삶으로 풍요로움과 번영을 더 많이 초대하고 끌어들일 수 있도록 자신이 부를 가질 만한 자격이 있고, 그 부유함이 그 자체로 가치 있다고 느껴야 합니다. 아래의 긍정의 말을 활용해보세요.

지금 내가 인생에서 갖고 있는 모든 좋은 것을 고맙게 생각하며 받아들여요.

삶은 나를 사랑하고 내게 필요한 것을 줍니다.

삶이 나를 돌보아줄 거라고 믿어요.

난 부를 얻을 자격이 있어요.

삶은 언제나 내가 필요한 것을 줍니다.

부유함이 매일 놀라운 방법으로 나의 삶 속으로 흘러들어오고 있어요.

나의 수입은 계속 늘어날 겁니다.

내가 어느 곳으로 향하건 나는 늘 번영하고 풍요로워집니다.

이 중에 한두 개를 선택해서 하루 종일 계속 반복합니다. 일기장이나 종이에 여러 번 적어서 집이나 사무실에 붙여놓거나 걸어둡니다. 그리고 기회가 있을 때마다 거울을 들여다보며 자신에게 반복해서 말하고 있는지 항상 확인합니다.

'쓰기'는 지혜와 통찰에 접근할 수 있는 아주 훌륭한 방법입니다. 일기장이나 수첩에 다음의 질문을 적으며 살펴보는 시간을 갖습니다.

내가 원하는 부를 얻으려면 어떤 습관을 버려야 할까?

만약 당신이 이 질문에 대해 고민할 시간을 갖는다면 당신은 지금 당장 처리해야 할 현실의 일보다는 미래에 일어날지도 모를 좋은 일들에 더 초점을 맞추는 자신을 발견하게 될 겁니다. 아니면 이미 감당할 수 없는 빚을 짊어지고 있는데도 마치 계속 돈을 쓸 수 있는 척하는 태도를 멈출 수도 있습니다.

결국 당신의 재정을 건강한 상태로 개선하기 위해 당신이 가장 우선적으로 취해야 할 조치가 무엇인지 알아내야 합니다. 그리고 이 한 가지에, 아마도 당신이 피하고 싶었을 그 한 가지에 온통 집중하고 24시간 이내에 어떤 행동을 합니다. 청구액을 지불하거나 세금을 신고하고 납부하거나 신용카드 사용을 중지해야 할 수도 있습니다. 또는 가능한 한 빠른 시일 내에 당신에게 돈을 가져다줄 일자리를 찾을지도 모릅니다. 당신이 나중에 더 만족스럽게 일하는 걸 준비할 수 있도록 말이죠. 기억하세요. 자신이 의도하는 것을 긍정하고 행동으로 옮길 때, 당신은 삶이 더 높은 곳으로 올라갈 수 있도록 우주의 에너지에 자신을 맞추게 됩니다. 만약 당신이 어떤 조치를 취해야 할지 모르겠다면 믿을 만한 친구나 가족에게 조언을 구하세요. 당신을 잘 알고 있고, 당신이 잘 되기를 진심으로 바라는 그런 사람들에게요.

여기 우리들 중 많은 사람들이 해결해야 할 또 다른 문제가 있는데, 바로 우리를 둘러싼 주변 사람들이 마침내 '긍정 확언의

효용성을 믿고' 변하기를 소망하고 바라는 것입니다.

누군가가 계속 고군분투하며 애쓰지만 상황을 바꾸기 위해 아무것도 하지 않는다면 어떻게 해야 할까요? 제가 예전에 진행한 워크숍에 대해 이야기를 해볼까 합니다. 저는 그 워크숍에 참석한 여성들에게 '자기관리를 하는 과정에서 자신이 어디에 갇혀 있었다고 느끼는가?'라는 질문을 하려고 토론회를 열었습니다. 40대 중반의 한 여성이 즉시 마이크를 잡고는 극적인 사건들로 가득했던 자신의 인생 이야기를 털어놓기 시작했습니다. 그녀의 삶은 한고비를 넘길 때마다 마치 또 다른 위기가 기다리고 있는 것 같았습니다. 최근에는 직장과 관련해서 문제가 있더군요. 직장 동료를 괴롭혔다는 누명을 쓴 채 지금 당장 직장을 잃을 처지에 놓여 있었던 겁니다.

그녀의 이야기를 들으면서 저는 그녀가 어떤 곤경에 빠졌는지 공감할 수 있었습니다. 그리고 그녀가 해결책보다는 문제 자체에 더 많은 에너지를 쏟고 있다는 것도 알 수 있었죠. 그래서 그녀의 말을 멈추게 하고 무언가 다른 걸 시도하면 어떻겠냐고 제안했습니다.

"당신이 사용하는 언어를 바꾸면서 상황을 반전시키는 건 어떨까요?" 저는 이런 조언을 주었습니다.

"예를 들어 '난 이 문제가 평화적으로 해결되도록 할 거야. 직장에서 벌어진 불편한 상황이 빠르게 해결되어 모든 사람이 결

과에 만족하게 될 거야.' 이런 긍정의 말로 시작하는 거죠. 또는 이런 말을 시도해볼 수도 있어요. **'나는 내 인생에서 모든 극적인 사건들을 전부 내보내고 평화에서 에너지를 얻을 거야.'**"

"도저히 그럴 수가 없어요." 그녀는 짜증을 섞어 크게 소리를 질렀습니다. "제 동료는 정말 멍청하고 절대로 진실을 말하지 않는다고요."

몇 분 동안 우리는 각자의 에고를 내세워 힘겨루기를 했습니다. 저는 그녀가 새로운 방법으로 상황에 접근할 수 있도록 하기 위해 그녀의 두려운 마음에서 틈을 찾으려고 노력했고, 그녀는 왜 그렇게 안 되는지 저를 설득하기 위해 애썼습니다. 저는 우리의 대화가 제자리걸음이라는 걸 알았습니다. 이 여성은 극적인 사건에서 에너지를 얻는 데 너무 익숙해 있고, 예전의 저라면 그녀의 마음을 바꾸려고 노력하느라 너무 많은 시간을 보냈을 겁니다. 그러나 저는 그 상황을 인정했기 때문에 그녀가 자신의 관점을 바꿀 준비가 될 때까지 시간이 필요하다는 걸 알았습니다. 저는 그 여성에게 고개를 숙여 인사하고 다른 질문으로 넘어갔습니다.

루이스 선생님이 이 상황에 대해 설명했습니다.

사람들이 바뀔 준비가 되어 있지 않을 때 그런 일이 생겨요. 당신은 누군가에게 어떻게 성장할 수 있는지 제안할 수는 있어요. 그러나 궁극적으로는 그들이 그것을 기꺼이 해야만 하죠. 우리는 사람들이 할 수 없는 것을 하기를 바라거나, 또는 그들이 될 수 없는 사람이 되기를 바라지 말아야 해요. 강연에서 저는 항상 말합니다. 전 세일즈맨이 아니라고요. 여기에 삶의 방식을 팔기 위해 온 게 아니라고 말이죠. 그리고 이렇게 말합니다. "저는 선생님입니다. 만약 여러분이 나에게 배우러 왔다면 행복한 마음으로 가르칠 거예요. 그러나 여러분에게 마음을 바꾸라고 강요하지는 않아요. 그건 여러분의 특권이니까요. 여러분은 여러분이 믿고 싶은 것이라면 무엇이든 믿을 자유가 있어요. 그리고 만약 이 방향을 향해 발걸음을 떼고 개척하고 싶다면 그건 좋은 일이에요. 하지만 그게 아니라면 여러분 하고 싶은 대로 하면 돼요."

우리는 모두 우리 자신의 인식의 법칙을 따르고 있어요. 그래서 어떤 문제라도 관련된 사람의 인식 수준에서 만들어지죠. 셰릴 씨의 인식이 상황을 바꿀 수는 없어요. **그들의 인식이 변해야만 하죠.** 셰릴 씨의 워크숍에 참석한 그 여성분은 계속해서 그녀의 삶 속으로 극적인 사건들을 끌어들일 거예요. 스스로가 이런 상황에 영향을 주고 있다는 것을 깨달을 때까지요. 상황이 어디에서 불쑥 나온 게 아니에요. 우리가 우리의 세계에서 만들어내고 있는 거예요.

사람들이 긍정의 말을 무시하거나, 또는 우리가 말하는 이런 종류의 일들이 어리석거나 효과가 없을 거라고 생각한 탓에 반복해서 같은 문제를 겪는 건 정말 아쉽지요. 그들은 긍정의 말은 아무 효과가 없다고 말해요. 아닙니다. 긍정의 말은 효과가 있습니다. 꾸준히 하는 게 관건이에요.

우리의 생각은 우리의 삶의 경험에 직접적으로 영향을 줍니다. 이런 식으로 우리는 우리 삶에서 일어나는 모든 일의 원인이 됩니다. 우리가 곤경에 빠져 있다는 걸 알게 되면 좀 더 생산적인 방법으로 우리의 생각과 에너지를 활용할 새로운 습관을 만들어야 합니다. 긍정의 말은 우리가 더 나은 결과에 집중할 수 있도록 우리가 새로운 방향을 가리키는 걸 도와줍니다.

"그리고 문제가 되는 사건으로 빠져들지 말고 가능한 한 빨리 우리 자신을 붙드는 게 핵심이에요." 루이스 선생님은 이 점에 주목했습니다.

잊지 마세요. 멈추고 이렇게 말해야 해요. "아, **내가** 나한테 무슨 짓을 하고 있는지를 봐. 다른 사람의 일이 아냐. 내 일이라고. 에너지를 바꾸기 위해 **지금 당장** 무엇을 할 수 있을까?" 다른 사람들이 우리에게, 또는 상황에 대해 무언가를 하는 동안, 우리는 어떻게 반응하고 행동해야 할지를 조절해야 합니다. 우리 인생의 목표는 할 수 있는 한, 최고로 기분이 좋아야 한다는 걸 항상 마음속으로 명심해야 해요.

◆ ◆ ◆

워크숍에서 그 여성과 논쟁을 벌일 때, 저는 결국 그녀가 자신의 길을 가게 할 수 있었습니다. 그러나 저는 루이스 선생님에게 묻지 않을 수 없었습니다.

"만약 변화될 준비가 되어 있지 않은 사람과 직접적으로 연관되어 있다면 어떻게 해야 하나요? 항상 부정적인 노부모님이나 자아 발견의 길을 걷지 않는 배우자를 상대하고 있다면요. 그런 상황을 평화롭게 해결하려면 어떻게 해야 할까요?"

선생님은 차분하게 대답했습니다.

몇 년 전에 제가 에이즈에 걸린 사람들과 일했을 때, 저는 그들 중 많은 사람이 부모에게 버림받았다는 걸 알게 됐어요. 완전히 버림받았죠. 그들이 동성애자라는 사실을 아는 순간, 가족들은 그들을 쫓아냈어요. 이웃들이 어떻게 생각할지가 제일 결정적인 이유였어요. 이런 일이 일어났을 때 그들에게 긍정의 말을 활용하라고 말하곤 했어요. "**나는 가족 모두와 멋지고 조화로운 관계를 맺고 있어요. 특히 엄마와는 사이가 좋아요.**"(보통 그들이 가장 힘들어하는 사람이 바로 엄마였거든요.) 하루 종일 몇 번이고 이 긍정의 말을 반복하라고 권했죠. 그 사람이 마음속에 떠오를 때마다 긍정의 말을 계속 반복하라고 했어요.

가족들에게 버림받고 쫓겨난 상황에서 누군가 이런 걸 권유할 거라고 그들은 예상하지 못했을 거예요. 하지만 예외는 없었지요.

그들이 지속적으로 이 긍정의 말을 한 지 3개월에서 6개월이 지났을 때, 놀라운 일이 일어났어요. 한 어머니가 자신의 아들을 만나겠다고 우리를 찾아온 겁니다.

"농담이시죠?" 저는 너무 놀라고 감동받아서 큰 소리로 이렇게 물었습니다.

"진짜예요." 루이스 선생님은 잠시 말을 멈추었고, 그 당시를 회상하는 것 같았습니다. 저는 그녀의 눈에 눈물이 고이는 것을 보고 있었죠.

그 어머님이 오셨을 때 우리는 모두 일어서서 박수를 보냈어요. 저희에게는 정말 많은 걸 의미했거든요. 그 자체만으로 치유가 되었어요. 아버지들은 조금 어려워했지만 어머니들은 오실 것이고, 어머니들은 그곳에 있는 '동성애자들'이 자신들에게 많은 사랑을 줄거라는 사실을 알게 됐지요.

그렇게 어려운 상황에 처한 사람들에게 긍정의 말이 무언가를 바꾸어놓을 수 있을 거라고 말한다는 게 미친 짓이라고 생각할 수도 있어요. 그 말이 무엇을 할 수 있을까요? 그 말이 어떻게 다른 사람들의 행동에 영향을 미칠 수 있을까요? 저도 몰라요. 하지만 그 말은 높은 하늘로 올라갔고, 가족에 대해서 끔찍한 생각을 하는 대신, 조화로운 관계가 될 수 있는 여지를 만들기 시작했어요. 전 이것이 어떻게 이런 효과를 만들어내는지 몰라요. 삶의 수수께끼예요.

저는 다양한 방법으로 다른 사람들과 조화로운 관계를 만들어나가는 것에 대해 넌지시 말을 건넸고, 루이스 선생님은 동의하며 말을 이었습니다.

당신이 상사, 이웃, 동료, 또는 별거 중인 가족과 조화로운 관계를 가질 거라고 계속 긍정의 말을 훈련하든 그렇지 않든 상관없이 상황은 끝날 거예요. **일어난 문제는 건너뛰고, 그렇게 될 거라고 당신이 원하는 것에 대해 말하세요.**

루이스 선생님은 이렇게 덧붙였습니다.

'엄마는 내게 쌀쌀맞고 못되게 굴었어요'에 더 이상 집중하지 마세요. 당신도 그런 일에 끼어들고 싶지 않을 거예요. 왜냐하면 바로 당신이 그 일에 힘을 쏟아야 하니까요. 그런 일에 에너지를 쏟는 대신 목표에 집중하고 싶을 거예요. 우리는 당신의 엄마가 어떤 특별한 방법으로 행동해야 한다는 말조차 안 해요. 우리는 당신이 당신의 엄마를 포함해서 가족 모두와 놀랍도록 잘 지낼 것이고, 그들과 어떻게 조화를 이루는지 삶이 알려줄 거라고 얘기하죠. 어떤 사람이나 문제에 대해 생각이 날 때마다 이것을 지속적으로 긍정해야해요. 관계가 힘들수록 더 많이 반복해야 합니다.

"이런 유형의 일이 발생할 때, 우리가 좋지 않은 관계에 있는 가족과 힘겹게 싸우고 있을 때, 또는 의사한테 병을 진단받거나 직장을 잃는 등의 예상치 못한 소식 때문에 혼란스럽고 불안할 때 가장 빨리 정상 궤도에 오르는 방법은 무엇일까요?"

무엇보다도 처음의 반응을 자신에게 허용하는 겁니다. 당신이 무엇을 느끼든 그걸 자신에게 허용해야만 해요. 제가 긍정의 말을 이용하라고 말할 때, 그건 자신이 느끼는 감정을 피하기 위해 그 긍정의 말을 이용하라는 의미가 아니에요.

너무 중요한 점이라서 저는 이 말에 주목했습니다. 저는 사람들이 마치 머리로 감정을 무시하려는 것처럼 진실을 얼버무리며 넘어가거나 피하기 위해 긍정의 말을 이용하는 걸 너무 자주보았습니다.

그러나 누구라도 자신의 머리를 자신의 심장 위에 있는 지배자로 이용할 때마다 그들은 스스로를 불리한 상황에 놓습니다. 사실 감정은 귀중한 정보를 제공합니다.

만약 당신이 직장이나 일에 압도당한다고 느끼면 **"난 직장에서 일할 때 평온하고 편안해요"**라고 말하는 것이 분명 도움이 됩니다. 그러나 그 느낌은 당신이 추가 프로젝트를 맡는 걸 중단해야 한다는 암시일 수도 있습니다. 또는 결혼 생활에서 외로움을 느낄 때 혼자서 화목한 관계에 대해 생각할 수도 있겠지만, 배우자와 함께 앉아서 무슨 일이 일어나고 있는지 이야기를 나눌 수도 있겠죠. 관심을 기울일 때 감정은 당신의 삶에서 무엇이 잘 되어 가는지, 또는 그렇지 않은지에 대해 당신에게 알려줍니다. 그리고 당신에게 변화의 방향을 가리켜줄 수도 있습니다. 궁극적으로 머리와 심장이 나란히 놓일 때 긍정의 말에 힘을 주는 연금술이 만들어집니다.

"일단 무슨 일이 일어나고 있는지 파악하고 그걸 느낄 기회를 자신에게 주면 그다음에는 가능한 한 빨리 불편한 정신의 공간에서 벗어날 방법을 찾아야 해요." 루이스 선생님이 계속 말을 이었습니다.

지금이 바로 그 순간이라는 깨달음이 가장 중요한 창작 포인트라는 걸 기억해야 합니다. 지금 당장을 말하는 거예요. 이 순간에 당신의 모든 생각과 당신의 모든 선택이 당신의 미래를 움직입니다. 그래서 당신은 스스로를 올바른 위치에 두고 싶어 합니다. 우리는 진심으로 그것이 얼마나 중요한지 이해해야 해요.

"그래서 비관하기보다는 가능한 한 희망을 가져야 하나요?"

아니에요. 제가 보기에 희망은 또 다른 방해물이에요. "난 희망을 갖고 있어요"라고 말하는 건 실제로는 "난 희망을 믿지 않아요"를 의미하는 거예요. 마치 당신의 욕망을 어떤 먼 미래로 미루어놓고 어쩌면 언젠가 **이룰지도 모른다**고 믿는 것과 같아요. 이건 긍정의 말이 아니에요. 우리는 긍정적이고 현재에 집중하는 그런 긍정의 말을 해야 해요. 그러고 나서는 그걸 놓아주어야 합니다.

"놓아준다고요?"

네, 놓아줍니다. 거기에 매달리는 걸 멈추는 거예요. 그것 때문에 고통을 겪지 않아야 해요. 어떤 상황에 직면해서 더 이상 할 수 있는 일이 없을 때는 그저 놓아버려야 해요. 왜냐하면 마음속에 너무 많은 공간을 차지하고 있는 기억과 과거를 붙들고만 있는 셈이 되거든요. 그래서 저는 확실하게 긍정의 말을 선택하고 끊임없이 반복해요.

여러분도 여러분을 정말로 편안하게 해줄 긍정의 말 한두 개를 찾아내서 꾸준히 반복하고 또 반복하세요. 만약 거울을 보며 할 수 있다면 많은 도움이 될 거예요. 그 방법은 당신을 자신과 연결시켜주거든요. 할 수 있을 때마다 거울을 들여다보며 자신에게 말하는 겁니다. "우린 이걸 헤쳐 나가고 있어. 난 널 사랑해. 너를 위해 여기 이렇게 있는 거야."

바로 그때 저는 시계를 확인했습니다. 미팅 때문에 일어나야 할 시간이었죠. 저는 대화를 멈추고 일어나서 루이스 선생님의 책 사인회가 끝난 뒤 오후 늦게 만나자고 제안했습니다. 그날은 전 세계에서 온 수백 명의 독자들이 줄을 서서 루이스 선생님과 사진을 찍고 사인을 받는 행사가 2시간가량 진행될 예정이었습니다.

수첩을 가방 안에 넣으면서 저는 루이스 선생님에게 마지막으로 질문을 하나 더 했습니다.

"우리가 통제할 수 없는 일, 예를 들어 우리의 버튼을 누르고 하루 종일 그것을 걱정하게 만드는 그런 사소하지만 성가신 부정적인 사건들은 어떻게 해야 하나요? 잘 아시겠지만 비열한 내용의 이메일이나 질투심 많은 동료가 트집을 잡는 그런 일들이 우리에게 늘 일어나잖아요. 이렇게 방해되는 일들이 생길 땐 어떻게 하세요?"

"어렵지 않아요." 루이스 선생님이 다 안다는 듯한 미소를 지으며 대답했습니다. **"저는 저를 화나게 하는 것들이 더 이상 궁금하지 않아요."**

루이스 선생님은 자신의 메시지를 시선에 담은 채, 잠시 동안 저를 바라보았습니다. 저도 잠시 루이스 선생님의 눈을 들여다본 후에 녹음기의 정지 버튼을 눌렀습니다. 다른 사람이 만들어낸 극적인 사건이나 상황에 말려들지 않는 자신을 상상하세요.

누군가의 상황 속에서 분노하고 걱정하는 습관은 이제 끝내야만 합니다.

기적을 가져오는 긍정 확언

큰 소리로 읽으며 써보세요.
내 인생에 작지만 위대한 변화가 일어납니다.

지금 내 인생이
갖고 있는 모든 것을
고맙게 생각하며 받아들여요.

삶은 내게 필요한 것을 줍니다.

삶이 나를 돌보아줄 거라고 믿어요.

Chapter.6

나이듦의 과정과
행복하게 동행하려면

"내 나이 여든넷, 인생 최고의 순간입니다."

미국 플로리다 주의 서부에 있는 탬파의 따뜻한 11월의 어
느 날이었습니다. 루이스 선생님은 헤이하우스의 '난 할 수 있어
I Can Do It' 컨퍼런스에 참석한 3,000여 명에게 전하는 환영사를 막
마쳤습니다. 그날 컨퍼런스는 전석이 매진되었죠. 저는 그 강당
의 한쪽에 서서 루이스 선생님을 지켜보고 있었습니다. 그녀는
자신이 80대지만 지금이 그녀 인생에서 최고의 순간이라고 말
했습니다. 그 말이 끝나자 객석을 꽉 채운 관중들은 애정 어린 박
수갈채를 선생님에게 보냈습니다. 너무나 감동적인 순간이었죠.
　호텔로 돌아오는 길에 저는 루이스 선생님이 출입문을 향해

결의에 찬 듯 걸어가는 모습을 관찰했습니다. 파격적이면서도 우아함이 독특하게 조화를 이룬 분위기로 그녀는 몸에 꼭 맞는 레깅스 위에 주름 잡힌 꽃무늬 셔츠를 입고 있었습니다. 그녀는 젊음의 에너지와 나이 든 사람들이 갖춘 지혜의 아름다움으로 빛났습니다.

선생님과 저는 그녀가 묶고 있는 호텔 방으로 갔습니다. 선생님은 방에 들어서자마자 발코니 문을 활짝 열었고, 저는 앉을 만한 곳을 찾으며 부드럽고 쾌적한 바람이 피부에 스치는 것을 느꼈습니다.

저는 백합, 튤립, 해바라기, 산딸기 색깔의 장미 등이 멋지게 놓여 있는 곳 근처의 등받이 의자에 털썩 주저앉았습니다. 방 한가운데 놓인 커피테이블 옆이었죠. "이 꽃은 제가 지난주에 도움을 드렸던 어떤 분이 선물로 보내주셨어요." 루이스 선생님이 꽃을 둘러보며 말했습니다. "이 꽃 덕분에 너무 행복해요."

선생님은 방에 있는 간이주방으로 가서 우리 둘이 마실 차를 준비했습니다. 그녀는 포장지에서 티백을 꺼내면서 새로 출시된 아이패드용 검은 벨벳커버를 보고는 감탄하며 기뻐했습니다. 선생님은 최신식 기기들을 열정적으로 즐겼습니다. 저는 루이스 선생님이 여든네 살의 나이에도 불구하고 영원한 학생이라는 것을 알았습니다. 그래서 그녀의 호기심과 배움에 대한 갈망을 존경하지 않을 수 없었지요.

저는 인터뷰에 필요한 것들을 주변에 펼쳐놓으며 제가 쉰한 살 나이에 배울 수 있었던 편안한 감정에 대해 여든네 살의 그녀는 어떻게 느끼고 있는지 궁금했습니다. 그래서 그 나이에 어떻게 그렇게 건강해 보이고 기분이 좋아 보이는지에 대해 질문했습니다. 비결이 무엇일까요?

"글쎄요. 자신을 사랑하고, 자신의 몸을 사랑하고, 늙어가는 과정과 평화롭게 화해하는 것이 저의 비결이에요." 그녀가 대답했습니다.

먼저 자신을 사랑하지 않고서는 어떤 것도 오랜 시간 동안 잘 해낼 수 없어요. 자신을 사랑할 때 자신의 몸을 아끼며 돌보게 되고, 몸에 무엇을 주어야 하는지 신경 쓰게 됩니다. 그래야 자신이 선택한 생각에 관심을 갖게 되지요.

"우리가 이 책에서 이미 얘기했던 것을 열심히 연습한다면 나이가 들수록 훨씬 더 편안한 시간을 보내게 되나요?"

맞습니다. 저는 스스로 경험을 계획하는 방법을 배웠기 때문에 사는 게 훨씬 편안해졌어요. 긍정의 말들이 저의 길을 평탄하게 만들며 제 앞에서 걸어갔어요. 저는 미래에 경험하고 싶은 것을 미리 계획했어요. 예를 들어, 오늘 저는 세 가지 심부름을 해야 했는데요.

그래서 **"너무 영광스러운 날이야. 모든 경험이 즐거운 모험이 될 거야"**라는 긍정의 말을 했답니다.

저는 오늘 상점 세 군데를 들렀어요. 저와 친절하게 대화를 나누는 멋진 영업사원들을 만났죠. 한 점원과 저는 유치할 수도 있는 어떤 일을 두고 웃고 또 웃었어요. 이런 경험들은 사소하지만 매우 유쾌한 모험이에요. 나이가 들어서 생기는 지혜 중 하나는 가장 단순한 상황에서도 기쁨을 발견할 수 있다는 것이죠. 우리가 우리의 삶을 최대한으로 살면 인생에서 사소한 것들을 멋지고 좋고 중요하게 만들 수 있습니다.

우리는 나이가 들어서 친구 또는 가족 중 누군가를 잃을 때 다른 사람들과의 관계에 더 많은 가치를 둡니다. 루이스 선생님이 말하는 모든 상황 속에서의 관계도 나이가 들수록 중요해지는 것 같다는 점이 인상적이었습니다.

"비통해할 수도 있겠죠. 사랑하는 사람을 잃은 것에 대해 비통해하거나 새로운 사람에게 다가가 그 공허함을 채우려고 할 수도 있어요."

제가 루이스 선생님에 대해 더 많이 알게 될수록 인생 초반에 좋은 생각을 하는 습관을 들이는 것이 얼마나 가치 있는가를 더 깊이 인식하게 됩니다. 그녀가 삶에 어떻게 다가가는지에 대해 말할 때 그녀가 자신의 마음을 다스리는 데 많은 시간과 에너지를 투자했다는 것이 분명해졌습니다. 결과적으로 그녀의 이런 투자가 나이듦에 대해 훨씬 더 긍정적인 시각을 갖도록 했다는 생각이 들었습니다. 목표와 목적을 갖고 사는 것에 대한 경계심이 시간이 흐를수록 더욱 더 큰 역할을 하고 있는 것이죠. 삶에 대한 그녀의 반응을 목격하면서 저는 이 습관을 더 깊게 연습해야겠다고 생각했습니다.

"제 말을 오해하지 마세요." 루이스 선생님이 자신이 한 말에 대해 설명하기 시작했습니다.

저도 대부분의 사람들이 나이 들면서 겪게 되는 것들, 그러니까 주름이 늘고, 체중이 증가하고, 몸이 뻣뻣해지고, 젊은 남자들이 더 이상 눈길을 주지 않는다는 것을 눈치 채는 등의 서글픔을 느꼈어요. 그러나 제가 바꿀 수 없는 것으로 제 자신을 비참하게 만들 필요는 없지요. 우리 모두 나이 드는 건 어쩔 수 없잖아요. 저는 다만 자신을 보살피고 무슨 일이 생기든 스스로를 사랑하자고 결심했을 뿐이에요.

저는 잘 먹어요. 몸에 아주 좋은 음식들, 저를 건강하게 만드는 음식들을 먹어요. 몸에 해를 끼치거나 저에게 도움이 되지 않는 음식들은 거의 먹지 않아요. 그리고 건강한 몸을 유지하기 위해 침술이나 부교감신경 훈련과 같은 처치를 한 달에 한 번 정도 받죠. 또한 가능한 한 저를 기분 좋게 만드는 생각을 하기 위해 최선을 다해 노력해요. 제가 꾸준히 반복하는 아주 좋은 수업은 이거예요. **우리의 생각은 우리를 기분 좋게 하거나 기분 나쁘게 한다.** 어떤 일이 우리의 기분을 좌지우지하는 게 아니라 우리의 생각이 그러는 거죠.

"그러면 주름이 아니라 주름에 대한 선생님의 생각이 핵심인 거네요?"

전적으로 그렇습니다. 주름은 그저 거기 있는 거예요. 누구나 주름을 갖고 있어요. 당신이 주름을 가진 유일한 사람으로 지목된 적도 없고요. 그런 걸로 자신을 불행하게 만드는 건 정말 어리석은 일이에요. 우리 모두는 삶의 모든 단계를 가능한 한 많이 즐기기를 마음 깊이 원하고 있어요.

◆ ◆ ◆

주름에 대해 말하면서 저는 이제 몸을 주제로 이야기를 나눠보자고 했습니다.

"선생님은 여든네 살이라는 나이에 성공을 유지하게 된 비결이 자신과 자신의 몸을 사랑하는 것과 관련이 있다고 하셨는데, 만약 선생님이 과체중이라 거울 보는 걸 꺼리는 여성이라면 어떨까요? 자기 자신을 보는 걸 좋아하지 않는데 어떻게 자신을 보고 '난 너를 사랑해'라고 말할 수 있을까요?"

그게 우리가 하는 일의 핵심이에요. 이전에도 말했듯이, 저는 더 이상 단 하나의 주제에만 집중해서 일하는 걸 믿지 않아요. 초기에는 체중 감량 같은 개별적인 문제들을 다루었어요. 그러다 어느 날, 만약 고객들이 자신을 사랑하도록 할 수 있다면 더 이상 그런 지극히 일부분의 문제를 해결할 필요가 없다는 걸 알게 되었어요. 자신을 사랑하는 것이 모든 사람과 모든 것의 핵심 이슈인 거죠. 많은 사람이 이걸 수용하거나 인정하기 힘들어한다는 게 현실이에요. 그렇게 간단하게 치부해버릴 수도 있어요.

과체중인 여성이 자신의 문제를 몸무게라고 생각할 수도 있겠죠. 하지만 그녀의 문제는 몸무게가 아니에요. 자기혐오가 문제죠. 문제의 진짜 이유를 알게 되거나 자신의 몸과 좋은 관계를 만드는 데 도움이 될 긍정의 말을 꾸준히 실천한다면 그것이야말로 자기 사랑의 과정이 시작되는 것이죠.

잠시 휴식 시간을 가진 뒤 우리는 계속 대화를 나누었습니다.

이 새로운 습관을 유지하기 위해서 때로는 식단을 조절해야 합니다. 그건 어쩔 수 없는 일이에요. 지금까지 우리 대부분은 설탕이 중독성이 있고 몸에 좋지 않다고 알고 있어요. 밀과 유제품은 많은 사람에게 문제를 일으키고 있고요. 우리는 우리의 몸과 마음에 영양을 공급하고 에너지를 주는 음식을 섭취해야 해요. 올바른 긍정의 말을 하는 건 멋진 일이지만 당신이 카페인, 설탕, 정크푸드 등으로 배를 채운다면 긍정의 말은 고사하고 어떤 것에도 마음을 집중하기 어려울 거예요. 만약 정크푸드를 먹고 자랐다면 건강한 식단이 무엇인지에 대해 약간의 안내가 필요할 수도 있어요. 저는 암진단을 받고 제 몸에 무엇이 필요한지 알아보기 전까지는 좋은 식품에 대해서 아무것도 몰랐어요. 지금도 저는 건강과 치유에 관한 최신 정보를 계속 찾아보고 있어요.

저는 나이가 들면서 몸을 잘 돌보는 것이 얼마나 중요한지 확실히 잘 이해할 수 있었습니다. 수많은 사람들과 마찬가지로 저도 다이어트, 운동, 영양보충제에 대해서 가능한 한 많이 배우려고 애쓰면서 책, 웹사이트, 논문 등을 읽었죠. 하지만 거기에는 수많은 정보가 미로처럼 얽혀 있어서 혼동하기 쉽습니다. 우리 사회는 최적의 건강을 만들어낼 올바른 공식을 찾으면서 노화 방지에 관한 책과 제품, 헬스클럽 회원권, 다이어트 프로그램에 수십억 달러를 쓰고 있습니다. 그러나 비만율은 계속 증가하고 있고 사람들의 건강은 계속 나빠지고 있죠.

지난 몇 달 동안 저는 루이스 선생님이 무슨 말을 하는지 정확히 알게 되었습니다. 우선 자신과 자신의 몸을 사랑하면 이 사랑은 현명한 선택을 하도록 유도하여, 제가 정신적·육체적으로 건강해질 수 있도록 저를 인도합니다. 저는 그것이 효과가 있다는 것을 직접 경험했습니다. 몸과의 연결 고리가 단단해지면서 자연스럽게 올바른 식품, 여러 유형의 운동, 자기관리 방식, 건강 관리사까지 접하게 되었죠. 네, 저는 이제 이 모든 것이 사랑으로부터 시작되었다는 것을 압니다.

몸에 좋은 영양을 공급하는 건 자기관리에서 아주 중요한 행위예요. 특히 노화가 진행될 때는 더 그렇죠. 그것은 우리 모두가 나이 들면서 경험하게 되는 자연스런 변화를 좀 더 나은 방식으로 변화할 수 있게 도와줄 거예요. 예를 들어, 만약 당신이 폐경기를 겪고 있는데 몸에 적절한 음식물을 주지 않으면 훨씬 더 힘든 시간을 보내게 됩니다. 좋은 공급원인 단백질과 많은 채소(가능한 유기농으로)를 먹으면서 "**지금은 내 인생에서 편안하고 평안한 시간이에요. 내 몸이 폐경에 쉽게 적응해서 아주 기뻐요. 밤에도 잠을 잘 자고 있어요**"와 같은 긍정의 말을 하면 확실히 달라질 거예요.

"자신의 몸을 보는 걸 좋아하지 않는 사람들이 자신의 몸을 사랑하도록 긍정의 말을 해주시겠어요?"

글쎄요. 자신에게 이런 메시지를 주면서 시작할 수 있겠지요.

내 몸은 정말 좋은 친구예요.

우린 함께 근사한 인생을 걸어왔어요.

내 몸이 전하는 메시지를 듣고 적절한 행동을 해야겠어요.

내 몸이 어떻게 작동하는지, 최적의 건강을 유지하려면 어떤 영양
소가 필요한지 배워야겠어요.

내 몸을 더 많이 사랑할수록 난 더 건강하다고 느껴요.

이런 긍정의 말은 시작하는 데 도움이 될 거예요. 그리고 좋은 방식
으로 자신이 자신의 몸에 연결되어 있다는 걸 더 많이 느끼고 싶다
면 매일 거울을 들여다보며 좋아하는 친구와 대화하듯이 자신에게
말하는 습관을 가져야 해요. 이런 말을 하면 좋겠죠.

내 몸에 인사를 해요. 이렇게 건강하다니 고맙게 생각해요.

오늘도 아주 건강해 보여요.

완벽하게 건강한 몸을 사랑하는 건 정말 큰 기쁨이에요.

당신의 눈은 세상에서 가장 아름다워요.

당신의 아름다운 몸매를 사랑해요.

당신의 모든 곳을 좋아해요.

당신을 정말로 사랑해요.

　　저는 경험을 통해 이렇게 다정하게 자신의 몸에 대해 말하는

것이 자신을 무자비하게 판단하는 비판적인 목소리를 잠재우는 데 도움이 된다는 것을 알게 되었습니다. 지난 몇 년 동안 저는 루이스 선생님의 책에서 자신의 몸을 사랑하기 위한 긍정의 말에 대해 읽었지만, 선생님이 말하는 걸 직접 들으니 그녀의 목소리에 담긴 따뜻함과 친밀함에 더 큰 감동을 받았습니다. 그녀는 그저 단어들을 반복하지 않았습니다. 다정하고 사랑스런 친구에게 말하는 것처럼 긍정의 말을 실천할 수 있도록 격려하는 말투와 억양을 사용했죠.

제가 선생님의 조언대로 긍정의 말을 실행했을 때 제 몸과의 관계가 극적으로 변했습니다. 저는 그 말들의 정신이 제 마음속에 자리 잡는 것을 느꼈습니다. 매일매일 거울을 보고 제 자신에게 부드럽게 말하면서 판단과 가혹함의 거친 모서리가 조금씩 부드러워지는 걸 느꼈습니다. 저는 제 몸이 궁지에 몰린 게 아니라 소중한 친구로 서서히 변해가고 있다는 걸 느낄 수 있었습니다. 비결은 그저 꾸준히 하는 것이었죠.

"맞아요. 바로 그거예요." 루이스 선생님이 강조했습니다.

연습을 하는 게 관건이죠. 자신에게 가장 편안하게 느껴지는 긍정의 말을 선택해서 거기서부터 시작해야 해요. 당신이 하는 긍정의 말이 당신을 위해 새로운 조건과 상황을 만들고 있다는 것, 그리고 이런 습관이 당신의 삶을 바꾼다는 걸 알아야 해요.

자신을 쓰러뜨리는 습관을 갖는다면 자신을 다시 일으켜 세우는 습관도 가질 수 있어요.

　그래서 이 책을 통해 우리가 계속 말하고 있는 것, 즉 가장 강력한 단계는 우리의 생각으로 시작하는 소소하고 단순한 단계라는 점입니다. 우리는 몇 번이고 계속해서 연습해야 합니다.

그래요. 그렇게 연습하면서 그것이 효과가 있다는 걸 스스로에게 보여줄 어떤 작은 변화를 발견해야 해요. 당신의 의식이 변하고 있다는 증거를요. 그러고 나면 당신은 계속 나아갈 수 있는 영감을 얻기 위해 그 성공에 집중하고 싶을 겁니다.
셰릴 씨, 당신이 스스로 해낸 거예요. 처음에는 멍청해 보이는 것, 예를 들어 거울 보는 연습을 통해 차츰 결과를 얻기 시작했잖아요. 최근에 출간된 책에 그 경험에 대해 썼더군요. 저는 당신과 함께 일하면서 당신에게 다시 한번 그 일이 일어났다는 걸 알았어요. 필라테스가 좋은 예시죠.

　루이스 선생님이 옳았습니다. 우리가 예전에 미팅할 때였어요. 그녀가 개인 필라테스 수업에 저를 초대했죠. 저는 항상 필라테스가 어떤 운동인지 궁금했기 때문에 참석해보기로 했습니다. 8년 이상 꾸준히 역기 드는 운동을 하면서 일상이 따분해진 터라 무언가 새로운 것을 해보고 싶었거든요. 그날 루이스 선생님과의 수업이 너무 즐거워서 집에 돌아와 필라테스 선생님을 찾아 매주 수업을 받기 시작했습니다.

단시간 내에 저는 제 몸에 있는지도 몰랐던 근육을 발견했고, 내면의 힘이 저를 더 크게 만들고 있다고 느꼈을 뿐 아니라, 더 생생히 살아 있다고 느끼는 등 제가 발전하고 있다는 걸 느꼈습니다. 이런 느낌은 제가 하는 일이 효과가 있음을 말해주는 신호들이었어요. 저는 내면에서 성공했다는 느낌을 받았고, 그래서 필라테스를 지속할 수 있었죠.

필라테스 선생님이 제가 몸을 관찰할 수 있도록 거울 앞에 세울 때마다 저는 제 몸에 긍정의 말을 조용히 반복했습니다. **"난 너를, 나를 지탱해주는 이 몸을 사랑해. 정말 아름다운 몸이라고 생각해. 오늘 그렇게 유연하고 협조적으로 도와줘서 고마워. 너의 힘과 우아함을 바라보는 게 정말 좋아."**

저는 외근이 단단하고 탄력 있어지도록 연습했을 뿐 아니라, 중요한 내근도 만들어가고 있습니다. 매일매일 거울 보는 연습을 하고 저를 사랑하는 일에 집중하다 보니 제 몸이 멋지고 올바르다고 느끼게 되었죠.

"필라테스가 당신의 생활 속으로 어떻게 들어갔는지 보는 게 흥미롭지 않아요?" 루이스 선생님이 저에게 물었습니다. "쉬울 뿐 아니라 특별히 애쓰지 않아도 되었잖아요. 당신은 새로운 방법으로 자신의 몸을 사랑하는 데 집중하기 시작했고, 그냥 지나칠 수도 있었는데 기꺼이 필라테스를 해보겠다고 했죠."

"맞아요. 저는 선생님이 말하는 그런 마음 상태였던 것 같습니다." 저는 웃으며 루이스 선생님에게 말했습니다. 그 웃음은 정확히 적절한 시간에 우리에게 필요한 것과 우리가 필요로 하는 사람들을 끌어당기고 있었습니다.

"이제 저는 일주일에 세 번 필라테스를 하고 있는데, 할 때마다 그 순간이 정말 좋습니다!"

중요한 건 셰릴 씨, 당신이 무언가 새로운 것을 시도해보겠다고 마음을 열었다는 거예요. 처음에 당신은 내키지 않는 것처럼 보였지만, 저는 당신이 그 운동을 경험해보았으면 했어요. 만약 당신이 하고 싶지 않다고 말했다면 더 이상 강요하지 않았을 거예요. 우리 몸에 무엇이 효과 있는지 찾기 위해서는 기꺼이 새로운 것을 시도해야 합니다. 한 발자국 떼는 걸로 시작해서 그다음 단계를 밟고, 또 그다음 단계로 넘어가보는 거예요. 당신은 당신이 세 발자국으로 시작했다는 것을 알기도 전에 지금 여기 있잖아요.

그녀는 손가락으로 탁자를 탁탁 쳤습니다.

최종 결과 대신 작은 단계에 좀 더 집중하면 효과가 있다는 걸 경험하게 될 거예요. 기분이 좋아지고, 당신이 가고자 하는 곳으로 당신을 데려가는 데 필요한 것을 정확히 지속적으로 얻게 될 거예요.

셰릴 씨, 자신을 한번 보세요. 제가 필라테스를 권유했고 당신은 수락했어요. 그리고 당신은 그걸 좋아하게 되었고요. 지금은 일주일에 세 번씩 하고 있어요. 당신과 마이클이 공원으로 가는 도중 길을 잘못 들었을 때 다툴 수 있는 상황에서도 당신은 마이클에게 사랑을 보냈고 당신도 사랑을 느꼈어요. 우리는 뭔가를 시도해서 결과를 만들어냈고, 그로 인해 우리의 관점이 더 나은 방향으로 바뀜으로써 긍정의 말을 지속적으로 연습하도록 격려한다는 걸 경험했어요. 시작하겠다는 **의지만 있다면** 어디서 시작하느냐는 별로 중요하지 않아요.

당신이 보았듯이 많은 사람이 "허튼 소리 하지 마. 그런 소리는 그만둬"라고 말하려고 하죠. 그게 허튼 소리라고 생각한다면 아무것도 할 수 없어요.

저는 루이스 선생님이 무엇이 효과가 있는지 알아보고, 자신을 사랑하는 새로운 습관을 서서히 개발하는 데 시간을 쏟는 모습을 높이 인정하지 않을 수 없었습니다.

저는 여행을 경험하기보다는 최종 결과에 도달하는 것에 항상 더 집중했기 때문에 종종 좌절했고 패배감을 느끼곤 했습니다. 수년 전에 제가 아는 80대의 현명한 여성분과 제 강연 사업을 성장시키는 문제로 대화를 나눈 적이 있어요. 저는 제가 가고 싶은 곳까지 도달하는 데 걸리는 시간에 대해 불만을 토로했습니다. 사업을 시작한 지 1년도 채 되지 않았지만 그동안 유료 연설을 단 한 건도 할 수 없어서 제 자신에게 실망하는 중이었죠.

그녀는 고개를 가로저으며 말했습니다. "요즘 젊은이들은 하루아침에 성공하기를 바라는군요. 일하면서 느끼는 기쁨은 어떻게 되었나요? 제가 자랄 때는 당신이 원하는 그런 성공을 거두는 데 몇 년이 걸렸어요. 그렇지만 실제로는 그 과정을 즐겼죠. 좀 천천히 하세요. 훨씬 더 흥미롭게 즐길 수 있을 거예요."

저는 긴장을 풀고 이 충고를 받아들였습니다. 그렇지만 몇 년 후 저는 주방을 서성이며 남편에게 또 불평을 늘어놓고 있었습니다. 불과 1년 반 전에 시작한 새로운 코칭 사업이 너무 더디게 진행된다고 말이죠.

루이스 선생님의 메시지는 제 귀에 쏙쏙 들어왔고, 저는 그 메시지가 중요하다는 걸 알았습니다. 우리 문화는 빨리 결과를 만들어내라고 독촉합니다. 일주일 안에 4킬로그램을 감량하거나 적절한 섬유질 보충제로 하룻밤 사이에 배를 홀쭉하게 만들 수 있다고 세뇌시키고 있죠. 우리는 **거대한 성공, 거대한 변화, 거대한 결과**를 즉시 이루고 싶어 합니다!

루이스 선생님이 제 말에 동의했습니다.

맞아요. 거대하고 무조건 커야 하죠. 그 결과를 위해 과정을 고통스럽게 보내면서요. 자신이 하는 걸 즐겨야 해요. 당신은 지금 필라테스를 한 지 꽤 됐잖아요. 자신에게 한 약속을 지킨 거지만, 스스로 그 일을 즐기고 있다는 것도 중요해요. 정말 멋진 일이에요. 당신의 몸은 매우 긍정적인 방향으로 변하고 있어요.

이미 의식하고 있는 문제를 치유하는 데 집중해야 하는 건 맞아요. 하지만 그 도중에 기분이 좋아지는 작고 긍정적인 변화를 만드는 데 초점을 맞추는 것도 중요합니다. 이것이 바로 자신을 사랑하고, 자신의 몸을 사랑하고, 노화의 과정을 더 편안하고 즐겁게 만들지요. 작고 긍정적인 변화랍니다.

◆ ◆ ◆

노후에 관한 얘기가 나온 김에 저는 루이스 선생님에게 우리가 이 주제에 대해 좀 더 이야기를 나눌 수 있겠냐고 물었습니다. 그녀가 나이 들면서 가장 걱정했던 부분이 무엇이었는지 궁금했습니다.

글쎄요. 대부분의 사람들은 외모가 젊음을 잃어가는 걸 걱정해요. 하지만 몇 년 전에 저는 정신력을 잃을까 봐 그게 걱정됐어요. 어린 시절에 제 마음속에 이런 두려움을 심었던 어떤 메시지를 받은

게 분명해요. 근데 오래전에 사라졌답니다. 요즘에는 좋은 생각과 좋은 영양으로 제 마음을 건강하게 유지할 수 있다는 걸 잘 알고 있죠. 식단을 엉망으로 관리하는 건 나이가 들면서 여러 문제가 생기도록 준비하는 것과 같아요. 현재 저의 걱정은 건강을 잃는 거예요. 그것이 제 자신을 잘 돌보려고 노력하는 이유랍니다.

우리는 나이가 들면서 각기 다른 문제에 부딪힙니다. 제가 50에 가까웠을 때 저는 거울을 보며 새로 생긴 주름이나 늘어진 피부 때문에 우울해하고 스트레스를 받았습니다. 그러나 저는 무언가 다른 것, 에너지를 잃는다는 것이 더 걱정이었습니다.

항상 저는 목표를 달성하는 것에, 가정 일과 직장 일 모두 잘해내는 것에 자부심을 가진 에너지 넘치는 여성이었습니다. 에너지가 조금씩 줄어들고 있다는 걸 알아차리기 시작했을 때 저는 그걸 나이 탓으로 생각하고 걱정하기 시작했죠. 지금 이 순간이 내가 생산적으로 일할 수 있는 마지막 시간일까? 잘 먹기 위해 더 열심히 일하고, 에너지를 유지하기 위해 운동을 해야 할까? 아니면 나이가 들면서 우리 모두 느려질 수밖에 없으니 그 현실에 항복해야 할까?

지난해에 저는 새로운 방법으로 에너지를 이해하게 되었습니다. 그렇습니다. 저는 자기관리를 잘하면서 스스로를 지원해야 했어요. 그래서 노화가 제공하는 선물, 좀 더 의도적인 방법으로 에너지를 쓸 수 있도록 속도를 늦추려는 마음의 변화를 받아들였습니다. 나이와 경험은 저에게 가장 중요한 것, 즉 자기관리, 인간관계, 영적으로 원기를 회복하는 데 필요한 혼자 있는 시간, 영혼을 만족시키는 창의적인 표현 방식 같은 것을 우선순위에 두어 저의 소중한 에너지를 쓰도록 해주었습니다.

삶의 일상적인 세부사항들과 다른 사람들이 자신의 걱정을 덜어내도록 도와주는 데 똑딱거리는 시계만 한 게 없습니다. 나이듦의 진정한 선물입니다. 예전처럼 노력, 성공, 실행으로 삶을 이끌려 하기보다는 삶의 방향에 마음을 활짝 여는 것에 훨씬 더 관심을 갖게 된 것입니다.

10년 전처럼 젊은 외모를 갖지는 못하겠지만 새로운 종류의 아름다움, 지혜의 아름다움을 갖게 되었습니다.

루이스 선생님이 웃으며 제게 말했습니다.

재미있는 건 이제 당신의 주름이 줄어들 거라는 점이에요. 현실을 마주하세요. 늙어감을 고민하고 자신이 어떻게 보일지에 대해 걱정하는 사람들은 지나치게 긴장하며 살아요. 노화와 화해하면 행복하고 편안해지는 것에 더 신경 쓰게 되죠.
우리는 20대, 30대, 40대, 또는 50대로 돌아갈 수는 없어요. 다만 우리는 우리가 있는 그곳에 있게 될 거예요. 10년 전 자신의 사진을 보면 이런 생각이 들지 않나요? **'맙소사, 괜찮아 보였네.'** 그러나 그 나이였을 때는 절대로 자신이 충분히 괜찮아 보인다고 생각하지 않았을 거예요. 어쨌든 우리는 우리가 생각하는 것보다 훨씬 더 괜찮은 외모를 갖고 있고, 우리는 지금 그것에 감사해야 해요.

"저는 자신에게 더 친절하고 더 상냥해야 한다고 생각해요." 제가 말했습니다. 그렇게 하면 함께 있기에 더 좋은 사람이 될 거라는 예감이 들었습니다.

우리가 이 책을 출간하기 위해 함께 일하고 있는 지금도 마찬가지예요. 예전에 미팅을 끝내고 제가 왔던 길로 차를 몰고 돌아가는데 바로 그 길을 트럭 한 대가 막고 있어서 왔던 길로 갈 수가 없었어요. 그래서 저는 계속 이 길 저 길로 돌아야 했고, 나중에는 내가 지금 어디쯤 있는지도 모르겠더군요.
하지만 제가 어디로 가고 싶은지는 알고 있었어요. 예전이라면 이런 일로 속을 끓였을 테지만 신경을 곤두세우는 대신 저에게 말했죠. "괜찮아, 괜찮다고. 너한테 이 길은 처음이잖아. 정말 근사한 길이야. 그냥 계속 가봐. 그러면 네가 가고 싶은 곳에 도착할 거야." 그리고 갑자기 가려던 곳에 도착했어요. 전 기쁨의 환호성을 질렀죠. "오, 그것 봐! 여기 왔어! 내가 가려던 길로 돌아왔어."

"선생님은 항상 생각과 행동을 관찰하고 적응하려고 하시나요? 그래서 그렇게 삶에 호기심이 많은 것처럼 보이는 걸까요?"

전 삶에 **호기심**을 갖고 있어요. 그리고 그 호기심이 제가 젊음을 유지하는 데 도움이 되지요. 아주 큰 도움이 돼요. 전 수업 듣는 것도 공부하는 것도 좋아해요. 새로운 걸 배우는 것도 즐기죠. 새로운 수업을 들을 수 있도록 뭔가 아주 흥미로운 걸 기다리는 중이에요. 그리고 저는 다른 사람들의 말에 귀를 기울여요. 그들이 무엇을 말하는지, 자신을 어떻게 표현하는지 귀 담아 듣지요. 저는 사람들에 대해서 호기심이 많을 뿐 아니라, 제가 제 자신에게 어떻게 말하는지에 대해서도 호기심이 아주 많아요. 우리가 발견한 것을 근거로 자신의 말에 더 귀를 기울이며 긍정적인 변화를 만들어낼수록 삶은 더 흥미로워진답니다.

루이스 선생님의 지혜로운 말을 들으면서 저는 그녀가 그렇게 곱게 나이들 수 있었던 이유가 그녀의 끊임없는 호기심 때문이라는 걸 확신했습니다. 무언가 배우는 걸 좋아할 때, 개인적인 성장을 위해 전념하며 행동으로 뒷받침할 때 우리는 의식적이고 성취감을 주는 방식으로 삶에 관여합니다.

우리는 자신과 서로 간에, 그리고 삶이라고 불리는 에너지의 더 큰 원천과 연결되어 있다고 느낍니다. 우리의 본질, 즉 시간이 흘러도 변치 않고 끝없이 우리의 일부분과 일직선을 이루어

살면 사물이 물 흐르듯 흘러가는 것처럼 보입니다.

저는 루이스 선생님에게 나이가 들면서 어떤 믿음을 가지게 되었는지 물었습니다. 그녀는 저를 향해 따뜻한 미소를 지으며 말했습니다.

제가 좋은 에너지를 아주 많이 가진 강하고 튼튼하고 건강한 여자라고 믿었어요. 제가 그런 에너지를 가진 것이, 제가 살아가는 삶이, 멋진 친구들과 함께 즐길 수 있는 것이 그렇게도 기쁠 수 없어요. 전 삶이 저를 사랑한다고 굳게 믿고 있어요. 항상 안전하다고 믿어요. 오직 좋은 경험만이 제 앞에 놓여 있다고 믿고 다른 사람들을 축복하지요. 삶이 저를 축복하고 풍요롭게 번영시킨다는 걸 알고 있어요. 제 세상에선 모든 것이 잘 되어갈 거라고 믿어요.

또한 주름에 대해 걱정하는 것보다 웃음이 더 중요하다고 믿어요. 요즘 제 자신이 더 많이 웃고 있다는 걸 발견했어요. 성가신 일이 줄었죠. 실제로 저는 아이였을 때보다 더 자유롭다고 느껴요. 마치 저의 좋은 생각이 더없이 행복하다고 느끼는 순진무구한 상태로 저를 되돌려놓은 것 같아요. 요즘 저는 장난을 치기도 하고 농담도 더 자주 해요. 저는 삶을 가장 긍정적으로 보는 인생관을 키워왔어요. 이 긍정적이고 사랑스럽고 고맙고 유쾌한 인생관이 저를 가장 멋진 삶으로 끌어당기고 있어요. 그래서 지난 10년간의 시간이 제 인생에서 최고의 시간이라고 말하는 거예요.

"그렇다면 선생님의 영적 믿음은 어떤가요? 지금 선생님의 삶에서 영적 믿음은 어떤 역할을 했나요?"

흥미로운 질문이네요. 저는 종교 없는 집에서 자랐어요. 그리고 그것은 아마도 저에게 일어났던 최고의 일들 중 하나였을 거예요. 저는 아무것도 배울 필요가 없었어요. 제가 종교과학 교회에서 형이상학의 세계로 안내되었을 때, 저는 그것을 아주 잘 이해했어요. 우리 모두가 신성한 지성 Divine Intelligence의 표현이라는 걸 알았죠. 자신을 이 지성에 맞추어 조절할 때 우리는 원하는 결과를 창조할 수 있어요. 전 교회에 자주 갔고, 그곳의 가르침을 받아들였어요.
하지만 지금은 제 정원이 저의 교회예요. 정원에서 일을 하며 평화를 발견해요. 훌륭하신 목사님이나 선생님이 가까운 곳에서 말씀 중이라면 직접 가서 들을 수도 있겠죠. 이미 아주 많이 듣긴 했지만요. 지금 전 그렇게 살고 있어요.

컨퍼런스에서 열리는 연설을 위해 헤이하우스가 주최하는 파티에 참석해야 할 시간이 되었습니다. 하지만 루이스 선생님은 저에게 건강과 나이듦에 대해 중요한 조언 한 가지를 더 전하려고 했습니다.

우리는 좀 더 습관적으로 스킨십을 할 필요가 있어요. 우리 모두는 더 많은 포용을 원해요. 많은 사람이 몸으로 표현하는 걸 못한다는 걸 알아요. 하지만 포옹은 항상 할 수 있죠. 헤이라이드Hayride 그룹에서도 그렇게 하곤 했는데, 사람들을 항상 웃게 만들었답니다. 포옹을 하면 젊어지고 행복해져요.

그 말을 한 뒤 그녀는 저를 향해 걸어와서는 두 팔을 활짝 벌려 저를 안았습니다. 그녀의 팔에서 힘을, 그녀의 가슴에서는 미소를 느끼며 저는 생각했습니다. '맞아요. 그게 나이듦을 훨씬 편안하게 만드는 좋은 방법이라고 말하고 싶었어요.'

기적을 가져오는 긍정 확언

큰 소리로 읽으며 써보세요.
내 인생에 작지만 위대한 변화가 일어납니다.

내 몸은 정말 좋은 친구예요.

우린 함께
근사한 인생을 걸어왔어요.

내 몸을 더 많이 사랑할수록
난 더 건강하다고 느껴요.

Chapter.7

집으로 가는 길,
'죽음'을 받아들이기

"삶의 다른 편에서 오직 사랑과 평화만을 봅니다."

샤워를 마치고 나오자 저는 가슴이 뭉클해지는 것 같은 무게감을 느꼈습니다. 설명할 수 없는 슬픔이 저를 압도했습니다. 저는 욕조 가장자리에 앉았다가 욕조에 더 가까이 다가가 제 자신이 내면에서 살아 숨 쉬도록 호흡을 가다듬었습니다. 제 마음이 지혜를 나눠주는 걸 기다렸습니다. 천천히 깊이 숨을 쉴 때마다 해답이 표면으로 떠올랐습니다. 봄이 한창이었고 글을 쓰던 겨울은 끝나가고 있었습니다. 이제 이 책에 작별 인사를 해야 할 시간이 되었습니다.

저는 그 과정을 알고 있습니다. 책을 어떻게 매듭지을까에 대한 생각이 슬금슬금 떠오르면서 저는 결말을 향해 서두르기도 하고 마지막이 될 그 과정을 음미하기 위해 속도를 늦추기도 했습니다. 저는 이 책의 마지막 장에 서 있으며, 마무리는 언제나 씁쓸하면서도 달콤합니다. 그러나 이번에는 무언가가 더 있습니다.

제 소중한 친구가 위험한 병을 앓고 있는데, 제가 그 친구를 너무나도 걱정하고 있다는 걸 깨달았습니다. 저는 그 친구를, 저를, 우리를 걱정하며 두려워하고 있었습니다. 저는 수건으로 머리를 말리고, 마스카라를 약간 바르고, 립글로스로 입술을 생기 있게 보이도록 했습니다.

옷을 입어야 했습니다. 루이스 선생님과 저는 밴쿠버 시내에서 열리는 행사에 참석할 예정이었고, 30분 후에 아침 식사를 같이 하기 위해 만나려고 합니다. 시간이 되었고, 저는 일정대로 움직여야 했습니다.

선생님과 저는 우리가 묵고 있는 호텔에 있는 레스토랑 뒤편의 조용한 테이블에 앉았습니다. 인터뷰 준비는 이제 두 번째 본능이 되었습니다. 저는 의자에 앉아서 즉시 아이폰을 꺼내고 녹음기의 '녹음' 버튼을 누르고 수첩을 펼쳤습니다. 루이스 선생

Chapter.7 • 집으로 가는 길, '죽음'을 받아들이기

님과 마주 앉자 제 마음이 흔들리고 약해진 것 같았습니다. 눈물을 흘리지 않으려고 최선을 다했지만 그녀 앞에 있으니 모든 것이 그대로 드러나버린 것 같은 느낌이 들었습니다. 선생님은 제게 무슨 일이 생겼다는 걸 알았지만 아무 말도 하지 않았습니다. 그 대신 제 눈을 깊이 바라보며 제가 말을 할 때까지 기다려주었습니다.

"제가 아주 좋아하는 친구가 많이 아파요." 제가 말을 꺼냈습니다. "그 친구가 죽을까 봐 두려워요. 긍정적이고 싶지만 친구가 그 병을 이겨낼 수 있을지 없을지 너무 걱정이 되고 어떤 식으로 말을 건네야 할지도 모르겠어요. 선생님은 병과 죽음에 대한 경험이 많다는 걸 알고 있어요. 제가 어떻게 해야 하는지 알고 싶어요."

루이스 선생님이 제 말이 끝나자마자 말했습니다.

당신은 친구를 **사랑해요**. 친구와 좋은 경험도 많이 나누었죠. 그러니 마음이 아플 수밖에요. 하지만 저는 사람들이 어려운 상황에 처해 있을 때, 언제나 몇 가지에 집중해요. 우선 저는 그들의 병이 아니라, 한 인간으로서 그들이 누구인지에 집중합니다. 저는 그들에게 자신이 얼마나 멋진 사람인지, 얼마나 재미있고, 사려 깊고, 현명하고, 친절한 사람인지 상기시켜 주고 싶어요.

그리고 저는 종종 우리가 함께했던 시간 중에서 가장 좋았던 추억을 떠올립니다. 무엇보다 중요한 건 그들이 그 과정을 스스로 이끌도록 도와준다는 거예요. 우리는 사람들이 서 있는 지점을 존중해야 해요. 저는 그저 어떤 상황에서든 그들이 어떻게 느끼는지를 묻고, 우리의 대화가 거기에서 어느 방향으로 갈 것인지 대답하게 할 뿐이지요.

루이스 선생님이 말하는 걸 듣는데 제 눈에서 눈물이 쏟아졌습니다. 그녀는 휴지를 찾기 위해 가방 안으로 손을 뻗었습니다. "당신은 이 여행에서 우리가 어디로 갈지 몰라요. 그렇지 않나요?" 그녀는 미소를 지으며 제 손에 휴지를 쥐어주었습니다. "이런 일이 생기면 힘들죠."

"긍정적으로 생각해야 한다는 걸 알아요. 하지만…." 제가 떨리는 목소리로 말했습니다.

"잠시만요." 선생님이 제 말을 끊었습니다.

죽음은 부정적인 게 아니에요. 죽음은 삶에서 긍정적인 단계예요. 우리 모두 죽게 될 테니까요. 당신은 당신의 친구가 지금 이 시간에 죽지 않기를 바라기 때문에 속상한 거예요.

"맞아요. 그 사실이 너무 고통스러워요." 저는 인정하지 않을 수 없었습니다.

그래요. 우리가 사랑하는 사람이 고통을 겪지 않도록 하는 건 중요해요. 제 어머니가 돌아가시던 때를 기억하고 있어요. 어머니는 아흔한 살이셨고 매우 아프셨는데, 의사들은 대수술을 하고 싶어 했어요. 제가 말했죠. "말도 안 돼요! 이렇게 연로하신 분에게 그런 수술을 감당하게 할 수 없어요. 그저 아프지만 않게 해주세요. 고통스럽지만 않게 해주세요." 저에게는 무엇보다 그것이 최우선이었어요. 어머니를 고통에서 벗어나게 하고 편안하게 가시도록 하는 게 제일 중요했어요. 그리고 정말 그렇게 했어요. 그 후 며칠 동안 어머니의 의식은 오락가락했어요.

어머니는 의식을 잃었다가, 친척에 대해 이야기를 했다가, 다시 의식을 잃고 다시 깨어나서 다른 이야기를 했습니다. 그녀는 고통을 겪지 않았고, 저에겐 그게 아주 중요했어요.

우리 모두 언젠가는 이 삶을 떠나게 되겠죠. 셰릴 씨, 저는 아무것도 두려워할 게 없다고 생각해요. 당신도 알다시피 저는 지옥과 연옥에 대한 교육을 받으며 자라지 않았어요. 하지만 그런 개념을 교육받지 않았기 때문에 저는 죽음이 무섭지 않아요. 제 생각에 저는 지옥에 갈 것 같지는 않아요. 이미 겪었거든요.

이 마지막 말은 고통스런 과거를 초월한 사람만이 할 수 있는 말이라고 생각될 정도로 사실적으로 전해졌습니다. 저는 고개를 끄덕였고 미소를 지으며 뺨을 닦았습니다.

루이스 선생님이 말을 이었습니다.

우리는 우리가 죽음에 대해서 배웠던 것들을 다시 생각해봐야 해
요. 만약 당신의 부모님께서 지옥불과 지옥에 관한 메시지로 가득
한 교회에 간다면 당신은 죽음이 정말 두려울 수 있어요. **'내가 착
하게 살았을까? 안 그랬다면 영원히 지옥불 속에서 타는 건가?'** 이
런 생각이 들겠죠. 그리고 영원히 불 속에서 타오를 거라고 생각되
면 죽는다는 게 몹시 두려울 거예요.
그렇게 많은 사람들이 죽음에 대해 공포를 느끼는 게 놀랄 일은 아
니죠. 많은 종교가 그런 메시지를, 당신은 죄인이니까 그에 맞게 행
동해야만 한다거나 죽을 때 그 대가를 치러야 한다는 메시지를 이
런저런 형태로 전달하고 있으니까요. 지옥불에 타지 않을 수는 있
겠지만 대가를 치르게 될 거라는 뜻이죠. 죽음은 이런 식으로 완전
히 공포의 대상이 되었어요.

저는 지옥의 개념에 대해 생각했고 어린 시절의 경험이 떠올
랐습니다. 저는 천국과 지옥, 그리고 그 사이의 어떤 것들, 연옥
이나 지옥의 변방에 대해 아주 익숙했습니다. 제가 착하고 규율
을 잘 지키는 천주교 신자라면 천국에 갈 것이고, 그렇지 않으면
지옥에 갈 거라고 믿으면서 자랐습니다. 죄를 뉘우쳐야 할 필요
가 있는 사람이나 세례의 성찬을 받지 못한 아이들을 위한 그 중

간 단계가 연옥과 지옥의 변방인 림보Limbo였습니다.

어린 소녀였을 때 저는 잠들기 전에 침대 옆에 무릎을 꿇고 예수님, 성모 마리아님, 요셉이라는 단어를 할 수 있는 한 여러 번 반복하면서 제 영혼을 연옥에서 천국으로 옮기는 걸 도우려 애썼습니다. 저는 사람들이 두려움에 떨며 홀로 어느 장소에 갇혀 있다는 생각이 너무 싫었습니다. 다행히도 다양한 종교적, 영적 전통을 탐구하기 시작할 정도로 성숙하면서 저는 죽음이 단지 사랑, 연민, 용서의 상태에서 우리의 창조주와 우리 모두를 결합시키는 전환점에 불과하다는 개인적인 믿음으로 지옥에 대한 개념을 바꾸게 되었죠.

"선생님은 삶의 이 시점에서 죽음이 두려우신가요?" 저는 루이스 선생님에게 물었습니다.

두렵지는 않아요. 하지만 지금은 하고 싶은 일이 있어서 당장 죽음으로 가고 싶지는 않아요. 아마 저는 평생 그렇게 말할 거예요. 우리 모두 그럴 거예요. 언제나 해야 할 일이 하나 더 있게 되거든요. 자녀의 결혼식에 참석해야 한다거나 아이가 태어났다거나 써야 할 책이 있다거나 항상 할 일이 있죠.

영화가 시작된 후 극장에 도착했는데 영화가 상영되는 도중에 나가야 한다는 느낌이죠. 아주 강렬한 느낌이에요. 영화는 계속되고 있어요. 우리는 들어가고 나올 뿐이죠. 우리 모두 그렇게 하고 있어요. 틀린 시간도 없고 적당한 시간도 없어요. 그저 우리의 시간이 있을 뿐이에요. 우리가 태어날 시간과 가야 할 시간이 있는 거죠.

저는 영화가 상영되는 중간에 떠나야 한다는 생각을 떠올리며 죽음으로 가기에 '딱 맞아떨어지는 시간'을 갖는다는 건 죽음에서 정말 어려운 부분이라는 말에 공감했습니다. 루이스 선생님은 이렇게 설명했습니다.

저는 우리가 도착하기 훨씬 전에 영혼이 어떤 교훈, 그러니까 서로 사랑하고 우리 자신을 사랑하라는 교훈을 경험하겠다는 선택을 했다고 믿어요. 우리가 사랑하라는 교훈을 배울 때 즐겁게 떠날 수도 있겠죠. 아파할 필요도, 고통스러워할 필요도 없어요. 다음번에 어디서 육화하겠다고 결정을 하든 하지 않든 모든 사랑이 우리와 함께할 거라는 걸 알아요.

그렇다면 문제는 영화가 상영되고 있는 도중에 떠나야 하는 상황과 어떤 식으로 화해를 하느냐입니다. 제가 보기에 우리가 죽음에 대해 너무나 불편해한다는 게 문제입니다. 우리는 죽음에 대해 이야기하지 않습니다. 죽음을 준비하지도 않습니다. 심지어는 우리의 두려움과 걱정에 대해 생각하는 것조차 허락하지 않습니다. 우리는 죽음이라는 주제를 완전히 피하려는 문화 속에서 살고 있습니다. 대신 우리는 위중한 질병에 걸렸을 때가 되어서야 심각한 압박감 속에서 중요한 결정을 내리도록 강요 당합니다. 그제야 왜 그렇게 죽음이 두렵고 고통스러운지에 대해 의문을 품게 되죠.

편안하게 떠나기 위해서는 우리가 기꺼이 그 주제를 다루어야 합니다. 눈 속에 있는 공포를 바라보며 죽음과 관련된 어색함과 불편한 감정과 마주해야 합니다. 그렇게 할 때 그 두려움이 우리에게 무엇을 가르치는지 알게 됩니다.

저는 제가 아끼는 누군가와 함께 죽음의 과정을 겪었던 30대 초반 이전까지는 죽음과 관련된 모든 것에 완전히 무심했습니다. 루시라는 이름을 갖고 있었던 80대 할머니와 죽음을 함께 경험하면서 그제야 죽음에 대해 생각하게 되었죠.

루시 할머니는 평생에 걸쳐 모은 귀중품으로 가득한 집, 지혜로운 마음, 넓은 마음을 가진 분이셨는데 가족이 없었습니다. 어느 날, 할머니는 심한 감기로 병원에 갔습니다. 그런데 놀랍게도 의사한테 암에 걸려 시간이 많지 않다는 얘기를 들었죠. 그녀는 저에게 자신의 신변을 정리할 수 있도록 도와달라고 부탁했습니다. 저의 첫 반응이 어땠을 것 같나요? **"말도 안 돼요! 저는 그 지뢰밭에 발을 들여놓을 생각이 전혀 없어요."** 그런 부정적인 반응을 보였습니다. 그렇지만 루시 할머니와 많은 대화를 나누면서 연민과 죄책감으로 마음이 움직였습니다. 그리고 결국 마지못해 동의했죠.

그 후 3개월 동안 벌어진 일은 기적이라고밖에 부를 수 없었습니다. 루시 할머니와 저는 그녀의 집에 있는 귀중품을 하나하나 살펴보고 특정인에게 나눠줄 계획을 세웠습니다. 저는 할머니의 삶, 사랑, 그리고 어떻게 삶을 마무리할 것인가에 대한 그녀의 바람에 매우 익숙해지고 친숙해졌습니다. 저는 루시 할머니가 죽음을 맞이하는 동안, 그리고 할머니가 떠나고 난 후 그녀의 소원을 끝까지 이행하겠다고 약속했습니다.

루시 할머니가 돌아가시던 밤을 저는 아직도 잊지 못합니다. 그날 저는 강의를 마친 후 침대에 누워 쉬면서 집에 머물렀지요. 그런데 무언가가 저에게 얼른 일어나서 차로 한 시간이나 걸리는 루시 할머니가 입원해 있는 병원으로 가라고 말했습니다. 저는 제 직감을 믿기 때문에 즉시 차를 몰고 병원으로 갔습니다. 병원에 도착하니 루시 할머니는 의식을 잃은 상태로 개인 병실에 누워 있더군요. 할머니를 돌보던 친절하고 동정심 많은 간호사가 저에게 말했습니다. 루시 할머니가 제 말을 전부 알아듣는다고 말이죠.

거의 한 시간 동안 저는 할머니 곁에서 그녀가 제게 준 인생의 마무리 계획을 검토했습니다. 그녀는 제 앞에 누워 있었고, 저는 그 계획을 전부 다 큰 소리로 그녀에게 말해주었습니다. 저는 루시 할머니께 모든 것이 다 질서정연하게 정리되어 있으니 이제 평화로운 곳으로 가셔도 괜찮다고 그녀를 안심시켰습니다. 제가 두려웠을까요? 겁이 났던 건 분명했습니다. 그러나 저는 준비가 되어 있었습니다.

할머니의 아름다운 얼굴을 바라보고 있는데, 그녀가 갑자기 깨어나서 제 눈을 똑바로 쳐다보고는 저를 향해 활짝 웃었습니다. 그러고는 마지막 숨을 쉬었습니다. 그 순간, 무언가 의미심장한 변화가 일어났습니다. 죽음과 제가 친한 친구가 된 것이죠.

저는 그날 밤 할머니가 돌아가시고 난 후 한동안 그 곁에 앉아서 할머니의 얼굴과 손, 생명이 빠져나간 몸을 바라보며 우리가 죽음이라고 부르는 이 무서운 것에 대해 곰곰이 생각했습니다. 그러나 저는 무섭지 않았습니다. 그보다는 부드럽고 심오한 방식에 감동받으며 안도의 감정을 느꼈고, 죽음에 이르는 과정이 얼마나 자연스러운지에 대해 놀랐습니다.

네, 저는 저의 친구가 몹시 그리울 겁니다. 하지만 이 새로운 시각으로 보자면 죽음은 제가 늘 상상하며 만들어냈던 침묵의 괴물, 풀려나야 했는데 마지막 순간에야 놓아줄 수 있었던 귀신이 아니었습니다. 그것은 온화한 석방이자 항복, 약속의 완성이었습니다.

저의 얘기를 가만히 듣고 있던 루이스 선생님이 말했습니다.

당신도 알다시피 당신은 한 번의 죽음을 경험했고, 그게 당신을 죽이지 않는다는 걸 알게 되었죠. 우리가 사랑과 적절한 계획으로 다가갈 때 죽음은 끔찍하다기보다는 아름다운 것이 됩니다. 만약 당신이 준비되어 있지 않았다면 끔찍한 악몽이 될 수도 있었어요.

1년 전, 저와 친한 친구가 중병에 걸린 후 저는 제 자신의 죽음에 대해 많은 생각을 하게 되었어요. 그는 인생의 종말을 마주해야 했던 사람들과 아주 잘 지내는 목사였습니다. 죽음 앞에 선 사람들에게 적절한 말을 하고 거기에 맞는 행동을 할 줄 아는 사람이었어요. 죽음을 다룰 때 아주 진지하게 다른 사람들을 도와주었죠.

그런데 **그가 떠나야 할 시간**이 되었을 때, 상황은 완전히 달라졌어요. 그는 지독한 골칫거리가 되었습니다. 이것이 잘못되었다, 저것이 잘못되었다며 사람들에게 계속 불평을 늘어놓고 투덜거리고 짜증을 냈어요. 앉히면 일어나려고 하고, 일으키면 앉겠다고 고집을 피웠어요. 얼마 지나지 않아 모든 사람이 그에게 질렸고 화가 났어요. 조금씩 지쳐갔죠. 그를 지켜보면서 저는 왜 그가 다른 사람들을 위해 했던 것을 자신을 위해서는 할 수 없는지 궁금했어요.

잠시 침묵을 흘렀고, 루이스 선생님이 차분한 목소리로 다시 말을 시작했습니다.

제 친구가 죽는 것을 보면서 그건 잘못된 방법이라는 걸 알게 되었어요. 그렇게도 많은 사람들이 그를 사랑했는데, 이제는 그렇게도 많은 사람들이 그를 한 대 후려치고 싶은 심정이 되다니…. 그는 우리가 그를 사랑하도록 허락하지 않았어요. 제 생각에 그는 너무 겁에 질려서 많은 것을 제대로 할 수 없었던 것 같아요.

"그분이 죽음에 다가가는 모습을 보면서 선생님은 죽음 앞에서 어떻게 해야 하는지 생각하게 된 거네요." 저는 루이스 선생님의 눈을 보며 물었습니다. "선생님은 어떻게 하고 싶으세요?"

우선 사람들이 원하는 만큼 저를 사랑하게 만들고 싶어요. 저를 돌보는 걸 받아들일 거예요. 저를 사랑하고 돌보는 그 경험을 정말 멋진 추억으로 만들어주고 싶어요. 어쩌면 제가 그들에게 위안이 될 수도 있겠죠. 제게는 그것이 이상적인 상황이에요. 사람들에게 위안이 되는 동시에 사람들이 저를 사랑하게 되는 상황이요. 그렇지 않으면 그냥 잠들면서 죽음을 맞이하고 싶어요. 근사한 파티를 끝내고 잠들어서 깨어나지 않는 거죠.

우리 둘은 이 생각이 얼마나 평화로우며 단순한지 인정하며 함께 웃었습니다.
"제가 떠나야 할 때는요." 루이스 선생님은 더 분명하게 말하고 싶었던 것 같습니다.

저는 죽는 과정이 의식적인 과정이면 좋겠어요. 할 수 있는 한, 최대한 편안한 방법에 집중하고 싶어요. 그 친구와 겪었던 일들로 인해 저는 이런 결정을 내리게 되었어요.

저는 제가 죽는 과정을 두 명에게 맡기고 싶어요. 한 사람은 제 몸과 관련된 결정을 내릴 거고, 다른 사람은 저의 감정적이고 영적인 편안함을 도와줄 거예요. 제가 가야 할 시간이 되면 죽음의 과정을 익숙하고 편안하게 느낄 사람이 저와 함께했으면 좋겠어요.

우리가 삶의 마지막에 다다랐을 때 육체적으로 뿐만 아니라 감정적으로, 그리고 영적으로 우리를 도와줄 사람을 직접 선택한다는 생각은 정말 혁신적이었습니다. 자신에게 필요한 것과 죽음을 맞이하는 과정을 도와줄 준비가 잘 되어 있는 사람들에게 둘러싸여 안전하고 편안하며 고통 없이 죽을 수 있다는 걸 확인하는 것보다 기분이 더 나아지는 방법이 있을까요? 당신의 죽음에 대한 이상적인 상황에 대해 생각해보세요. 저는 정말 곰곰이 고민하는 걸 말하는 겁니다.

우리가 죽음에 대해 말하지 않기 때문에 우리는 인생의 마지막에 신체 치료를 담당하는, 그러나 마음의 치료는 담당하지는 않는 의료 시스템에 밀어 넣어진다고 느낍니다. 갑자기 우리는 당직을 맡았던 사람이 누구든 그 사람의 처분에 따라 이리 찔리고 저리 찔리면서 병원 침대에 누워 있는 자신을 발견하게 됩니다. 우리의 정서적, 신체적, 영적 건강을 존중하는 현명한 선택을 할 수 있는 준비가 되어 있지 않은 상태에서 두려움에 휩싸여, 우리가 마땅히 갖추어야 할 사랑과 보살핌의 도움을 받지 못한 채 비싼 비용을 지불해가면서 말이죠.

루이스 선생님이 기꺼이 자신의 죽음에 대한 계획을 세우는 것은 자기관리를 하려는 직감적이고 심오한 행위입니다. 우리가 신뢰하는 누군가의 눈, 귀, 마음을 갖는다는 건 평화로운 결말과 엄청난 불행 간의 차이를 의미할 수 있습니다. 그래서 저는 그녀가 자신의 죽음을 도와달라고 요청하게 될 두 명을 어떤 기준에서 선택했는지에 대해 물어봐야 했습니다. 그녀는 자신의 죽음의 과정에 어떤 특별한 자질과 과정을 투입하고 싶었던 걸까요?

전 제 인생의 마지막을 저와 함께할 사람을 두 명 선택했어요. 믿을 만한 사람들이죠. 그들은 제가 원하는 것과 제가 편안하려면 무엇이 필요한지 잘 알고 있고, 제가 원하는 걸 따르겠다고 동의했어요. 전 그들을 잘 알고 있고 그들의 경험을 신뢰해요. 그들 모두 자신들의 전문 분야에 대해 깊은 식견이 있는 사람들이라 제가 특별히 더 구체적으로 무언가를 당부할 필요가 없어요. 한 분은 수많은 사람들이 인생의 마지막을 마무리하는 걸 도와준 분이고, 다른 분은 제 몸과 저의 건강에 무엇이 필요한지 잘 아는 건강관리 전문가예요.

저는 그들이 하겠다고 말하는 것을 그들이 할 수 있다고 믿어요. 그건 아주 중요하죠.

"선생님께서 편안함을 느끼는 계획인가요? 아니면 죽음을 마주하는 우리 모두의 두려움을 없애줄 수 있는 계획인가요?"

제가 그분들과 함께 일하던 당시 너무 많은 젊은이들이 에이즈로 죽었지만 그들은 아주 평화롭고 편안하게 죽음을 맞이했다는 걸 말하고 싶어요. 우리는 죽음에 대해 이야기를 나누었고 함께 죽음에 직면했어요. 데이비드 솔로먼이라는 한 남자가 기억나요. 그는 자신의 장례식을 미리 체험했어요. 휠체어를 타고 자신의 장례식에 왔죠.

저는 루이스 선생님의 눈에 눈물이 고이는 것을 보았습니다. 이번에는 제가 휴지를 찾아야 했습니다.

우리는 그의 장례식에서 하고 싶었던 모든 멋진 말들을 그에게 건넸어요. 우리 모두에게 정말 아름다운 경험이었어요. 우리는 그를 위해 평화롭고, 사랑이 넘치고, 위로가 되는 시간을 만들고 싶었어요. 그리고 그렇게 했죠.

Chapter.7 • 집으로 가는 길, '죽음'을 받아들이기

"정말 아름다운 의식이네요." 제가 선생님의 눈을 들여다보며 말했습니다.

저는 거기 있는 모든 남자들과 이 바보 같은 짓을 하곤 했어요. 저는 환생에 대해 이야기하고, 아기들의 얼굴에서 그들을 찾을 거라고 말했어요. 전 제가 어떻게 할지 상황극으로 보여주곤 했어요. "데이비드 솔로먼, 당신이에요? 거기 안에 있는 사람이 당신 맞죠? 우리를 보러 온 거예요? 정말 귀엽게 생겼네요." 그러면 모두 함께 배꼽을 잡으며 웃고 또 웃었답니다.

루이스 선생님이 이 이야기를 들려주었을 때 저도 큰 소리로 웃었습니다. 그리고 에이즈에 걸린 사람들과 함께 일했던 것이 그녀에게 가장 큰 성취감을 준 시간이었다고 느끼는지 물었습니다.

정말 근사했어요. 멋진 일이었어요. 점성학적으로 명왕성이 저의 태양을 지나갔을 때였어요. 죽음에 대해 온갖 종류의 교훈이 떠돌고 있었기 때문에 대부분의 사람들이 끔찍하게 고군분투하던 때였죠. 그러나 저는 궁극적인 교훈을 깨달았어요. 그 당시 저는 사람들을 대하느라 너무 바빠서 스스로에 대해서 걱정할 시간이 없었어요. 하지만 제가 더 단순해질수록, 하는 일이 더 적어질수록 그들은 저와의 만남이 정말 멋졌다고 말하더군요.

때때로 저는 그저 거기에 앉아 있기만 했어요. 모임을 시작하기 위해 아주 짧은 기도와 명상만 직접 주도하고 누군가를 지목해서 말하도록 했어요. 한 사람이 말을 끝내면 또 다른 사람을 지목해서 말하도록 유도했죠. 그리고 모임이 끝날 때는 치유 트라이어드Triad를 했어요. 누군가 누우면 한 사람은 머리맡에 앉고 한 사람은 발치에 앉아서 누워 있는 사람의 몸을 만지는 일이었죠. 그동안 저는 음악을 들려주며 명상을 이끌었어요. 그다음엔 위치를 바꾸어 진행했어요. 아주 간단한 일이었지만 그들에게는 엄청난 의미가 있었어요. 서로가 서로를 돌봐주고 아껴준다는 느낌을 받았으니까요.

"죽음을 다룰 때 사용하시는 긍정의 말이 있을까요?"

그럼요. 생의 저편에 있는 것에 대한 믿음을 다루는 긍정의 말이 좋습니다. 지옥과 연옥을 기억하는 겁에 질린 어린아이가 내면에 있는지 알아보는 게 중요해요. 우리는 죽음을 두려워하지 않기 위해 죽음에 대한 기존의 믿음을 치유할 긍정의 말이 필요해요.

루이스 선생님은 수년간 직접 이용해온 긍정의 말을 들려주었습니다.

이 삶의 끝에서 다른 편에 있는 사랑하는 사람들과 다시 연결될 수 있기를 기대합니다.

저는 기쁨과 안락함과 평화를 가슴에 담고 이 삶의 저편으로 여행을 떠날 거예요.

이 여행의 끝에서 사랑하는 사람들을 볼 수 있어서 마음이 설렙니다.

삶의 다른 편에서 저는 오직 사랑과 평화만을 봅니다.

제 앞에는 오직 좋은 것만 놓여 있어요.

저는 안전해요. 저는 사랑받고 있어요.

"마음이 편안하면 떠나기가 더 쉬워요." 긍정의 말을 들려준 뒤 그녀가 말했습니다. "좋은 일이 될 거라고 느끼면서 떠난다면 그렇게 두렵지 않아요."

그런데 저편에 무엇이 있는지 우리가 모른다면….

맞아요. 아무도 모르죠. 무엇이 진실인지 우리에게 말해줄 아주 강한 신념을 가진 사람들이 있지만, 그러나 아무도 진짜로 알지는 못해요. 저는 편안한 방식으로 사람들이 저편에 대해 생각하고 삶의 마지막을 준비하도록 격려하고 싶어요. 몇 살이든 관계없어요. 이건 아주 중요한 일이에요. 어쩌면 저는 죽음 앞에서 저를 돌보아주기를 바라며 선택한 사람들보다 더 오래 살 수도 있어요. 그렇게 되면 삶은 제게 다른 선택권을 줄 거라고 확신해요. 저는 많은 일에서 구조되었어요. 잘못될 수도 있었는데 언제나 구조되었죠.

"왜 그랬다고 생각하세요?"

글쎄요. 제 앞에 중요한 일이 놓여 있어서 그랬던 것 같아요. 저는 늘 곤경에서 벗어났어요. 저는 스스로 위험을 감수하는 그런 사람이에요. 결국 삶을 향해 손을 내밀면 삶은 언제나 다시 되돌아오는 듯해요.

◆ ◆ ◆

루이스 선생님은 확실히 삶을 향해 손을 내밀었습니다. 우리의 마지막 미팅이 될 만남이 끝나고, 저는 이 삶을 변화시키는 경험에 대한 사랑과 깊은 감탄을 안고 제 방으로 돌아왔습니다. 그런 대단한 여성과 그렇게 긴 시간을 함께할 수 있다니, 저는 정말 축복받았다고 느꼈습니다.

호텔 방에 들어서면서 저는 이제 저의 삶이 결코 예전과 같지 않을 거라는 사실을 알았습니다. 또한 뼛속 깊은 곳에 있는 무언가 다른 것을 알게 되었습니다. 삶은 분명히 나를 사랑하고 있습니다.

며칠 후, 밴쿠버 출장을 마치고 집으로 돌아와 수첩에 적힌 문구를 읽으면서 저는 이 책을 어떻게 끝내야 할지 생각했습니다. 적절히 어울리는 말을 찾기 위해 애쓰는 대신, 완벽한 결말에 항복하고 그것이 저를 찾아오는 걸 기다리기로 했습니다.

며칠 뒤, 루이스 선생님이 이메일로 편지 한 통을 보내왔습니다. 그것은 몇 년 전에 에이즈로 죽어가는 한 젊은 남자에게 보냈던 그녀의 편지였습니다. 이 책의 결말로 더 완벽할 수는 없는 글이었습니다.

먼저 진심 어린 인사를 보냅니다.

여기 지구를 떠나는 지극히 정상적이고 자연스러운 과정에 대한 저의 생각을 말하려 합니다. 우리 모두 겪게 될 과정이지요. 이 과정을 더 평화로운 마음으로 겪을수록 더 편안해질 거예요. 저는 그렇게 알고 있습니다.

우리는 언제나 안전합니다.

우리가 태어난 순간부터 이것만이 유일한 변화입니다.

우리는 다시 한번 더 빛의 품에 안길 준비를 하고 있습니다.

최대한의 평화를 위한 자세를 취하세요.

천사들이 당신을 둘러싸고 있습니다.

그들은 당신이 걷는 한 걸음마다 당신을 안내할 거예요.

당신은 자신이 물러나는 걸 선택했고, 그것은 완벽할 것입니다.

모든 것은 완벽한 시공간의 순서대로 일어날 거예요.

지금은 기쁨과 환희를 위한 시간입니다.

당신은 집으로 가는 길이에요.

우리 모두가 그렇듯이.

기적을 가져오는 긍정 확언

큰 소리로 읽으며 써보세요.
내 인생에 작지만 위대한 변화가 일어납니다.

저는 기쁨과 안락함과
평화를 가슴에 담고
이 삶의 저편으로
여행을 떠날 거예요.

삶의 다른 편에서
저는 오직 사랑과 평화만을 봅니다.

🌿 매 순간 나에게 건네는 긍정의 말들 ──────────

치유를 위하여

나는 내 자신을 사랑합니다. 그리고 내 자신을 용서합니다.

나는 나의 분노, 두려움, 원망, 혹은 당신으로 인해

내 몸이 망가지는 걸 용인한 내 자신을 용서합니다.

나는 치유될 자격이 있습니다.

나는 치유받을 가치가 있습니다.

내 몸은 어떻게 스스로를 치유할 수 있는지 방법을 알고 있습니다.

내 몸이 영양상 필요하다고 요구하는 것에 협조하겠습니다.

내 몸에 맛있고 건강한 음식을 주겠습니다.

나는 내 몸 구석구석을 사랑합니다.

차갑고 맑은 물이 내 몸을 통과해서 흐르며 모든 더러움을

씻어주고 있다는 걸 압니다.

내 몸의 건강한 세포들이 매일매일 더 강하게 자라고 있습니다.
삶이 모든 방법을 동원해서 내가 치유되도록 도와줄 거라고
확신합니다.
내 몸을 만지는 모든 손은 나를 치유하는 손입니다.
내 몸이 얼마나 빨리 치유되고 있는지 의사들이 놀라고 있습니다.
나는 매일 모든 방법으로 더 건강하게 성장하고 있습니다.
나는 내 자신을 사랑합니다.
나는 안전합니다.
삶은 나를 사랑합니다.
나는 완전히 치유되었습니다.

아침에 눈을 떴을 때

굿모닝, 잠자리가 무척 편안했던 것에 감사합니다.
나의 침대를 사랑해요.
너무 사랑스러운 ○○○(당신의 이름), 오늘은 축복 가득한 날이
될 거예요.
모든 게 잘 될 거예요.
내가 오늘 해야 할 모든 일을 위한 시간이 충분할 거예요.

욕실의 거울을 들여다보며

굿모닝, ○○○(당신의 이름)을 사랑해요.
난 정말정말 당신을 사랑하고 있어요.

오늘 우리에게 좋은 경험이 다가올 거예요.

오늘 정말 멋있어 보여요.

미소가 정말 근사해요.

오늘 화장(머리 스타일)이 완벽해 보여요.

당신은 나의 이상적인 여성(남성)이에요.

우리는 오늘 멋진 하루를 보낼 거예요.

진심으로 사랑해요.

샤워를 하면서

난 내 몸을 사랑해요. 그리고 내 몸은 나를 사랑해요.

샤워를 한다는 건 정말 즐거운 일이에요.

물이 몸에 닿는 느낌이 너무 좋아요.

이 샤워기를 디자인하고 만들어준 사람에게 감사드려요.

난 정말 축복받은 인생을 살고 있어요.

화장실을 사용하며

내 몸에 더 이상 필요하지 않은 모든 걸 편안하게 내보내요.

음식을 먹고, 몸이 흡수하고, 그리고 내보내는 이 모든 것이

신성 속의 올바른 순서예요.

옷을 입으며

내 옷장이 너무 맘에 들어요.

옷을 입는 게 내겐 아주 편하게 느껴져요.

난 항상 가장 좋은 옷을 골라요.

내가 입은 옷은 편안해요.

내면의 지혜를 믿고 나는 나에게 딱 맞는 옷을 골라요.

주방에서

안녕하세요. 주방은 나에게 영양을 공급해주는 곳이에요.

고마워요!

여기 있는 모든 가전제품이 내가 맛있고 영양가 있는 음식을

편하게 준비하도록 많이 도와주고 있어요.

냉장고 안에는 몸에 좋은 건강식품이 가득해요.

난 맛있고 영양가 좋은 음식을 쉽게 만들 수 있어요.

주방과 모든 기기가 날 격려해주거든요.

난 여기 있는 모든 걸 사랑해요.

식사를 할 때

이 근사한 음식을 먹을 수 있어서 너무 감사해요.

난 사랑으로 이 음식을 축복할 거예요.

난 영양가 있고 맛있는 음식을 고르는 걸 좋아해요.

우리 가족 모두가 이 음식을 즐기고 있어요.

식사시간은 웃음소리로 가득해요.

웃으면 소화가 잘 돼요.

매 순간 나에게 건네는 긍정의 말들

건강한 음식을 준비하는 건 기쁨이지요.

내 몸은 매끼마다 내가 완벽한 음식을 선택하는 방법을 좋아해요.

가족을 위해서 건강한 음식을 준비할 수 있다니, 난 정말 운이

좋은 사람이에요.

우리 가족 모두 우리 앞에 다가올 날을 대비해서 충분한 영양을

섭취했어요.

우리 집에서는 모든 음식이 조화를 이루고 있어요.

우리는 서로 큰 기쁨과 사랑을 모아요.

식사시간은 행복해요.

아이들이 새로운 음식을 맛보는 걸 좋아해요.

음식을 한 입씩 먹을 때마다 내 몸은 치유되고 건강해져요.

운전을 할 때

나는 좋은 운전자들로 둘러싸여 있어요.

내 주위를 달리는 모든 차량에 사랑을 보냅니다.

편안하게 운전할 거고, 너무 애쓰지 않아도 될 거예요.

내가 예상했던 것보다 부드럽게, 빨리 달릴 수 있을 거예요.

차 안에 있는 게 편안해요.

사무실까지(학교까지, 상점까지, 또 어디든) 멋진 드라이브가 될

거라고 믿어요.

사랑으로 내 차를 축복합니다.

길 위에 있는 모든 사람에게 사랑을 보냅니다.

하루를 보내며

난 내 삶을 사랑해요.

난 오늘을 사랑해요.

삶은 나를 사랑해요.

빛나는 태양을 사랑해요.

가슴 속에서 사랑을 느끼는 건 멋진 일이에요.

내가 하는 모든 일이 나를 기쁘게 해요.

생각을 바꾸는 건 쉽고 편안합니다.

내 자신에게 다정하고 사랑스럽게 말하는 건 즐거운 일이에요.

오늘은 근사한 날이고, 모든 경험이 유쾌한 모험이에요.

직장에서

나는 현명하고 영감을 주는 사람들과 협력해서 이 세상을

치유하는 데 도움이 되는 프로젝트를 창조적으로 진행할 거예요.

사랑으로 이 직장을 축복합니다.

나는 직장 내의 모든 사람들, ○○○ 씨를 포함한 모두와 좋은

관계를 맺고 있어요.

나는 멋진 동료들에게 둘러싸여 있어요.

그들은 함께 일하는 것만으로도 유쾌해지는 사람들이에요.

우린 함께 일하면서 정말 즐거운 시간을 보내고 있어요.

나는 사장과 좋은 관계를 맺을 거예요.

나는 나의 직장을 언제나 사랑해요.

나는 최고의 직장에 다니고 있어요. 항상 고맙게 생각해요.

나는 지금 이 일을 다른 사람에게 맡기려 해요.

그는 여기에서 일하는 걸 매우 기뻐할 거예요.

나는 나의 모든 창조적인 재능과 능력을 활용하게 될 이 직장을
받아들입니다.

이 일은 성취감이 높고, 이곳에 매일 출근하는 것이 나에게는
커다란 기쁨입니다.

나는 나를 알아주는 사람들을 위해 일해요.

내가 일하는 건물은 환하고 밝고 통풍이 잘되며, 열정으로 가득 차
있어요.

새로운 직장은 완벽한 위치에 있고, 나의 수입은 충분하며, 그것에
깊이 감사합니다.

집에 돌아왔을 때

좋은 저녁이에요. 집에 돌아왔어요.

집으로 돌아와서 너무 반가워요.

나는 이 집을 사랑해요.

모두 함께 근사한 저녁을 보내요.

가족을 만나게 되어 기대가 커요.

오늘 밤 모두 함께 편안한 시간을 보낼 수 있을 거예요.

아이들은 숙제를 순식간에 해치울 거예요.

저녁 식사는 모두의 입맛에 딱 맞을 거예요.

하루를 마무리하며(욕실의 거울을 보며 말한다)

나에게 오늘을 준 삶에 감사합니다.

모든 경험을 고맙게 받아들여요.

이 순간을 숨 쉬고 놓아줍니다.

오늘 겪은 모든 것에 사랑으로 축복을 보내요.

나의 세계에서는 모든 것이 잘 될 거예요.

잠자리에 들면서

오, 포근한 침대예요. 다시 여기 있게 되어 너무 좋아요.

나를 반겨주어서 고마워요.

나는 긴장을 풀고 하루를 보냅니다.

그리고 침대가 나를 편하게 감싸도록 나를 맡겨요.

내가 꾸는 꿈들은 모두 평화로울 거예요.

내일 아침에 상쾌하게 눈을 뜰 거고, 나는 새로운 날을 기대하는

마음으로 설렙니다.

삶이 나를 사랑한다는 걸 알아요.

편안한 저녁을 보내요.

삶은 나를 사랑해요. 난 안전해요.

건강을 돌보고 몸을 사랑하기 위해

지금은 내 인생에서 편안하고 평화로운 시간이에요.

내 몸이 폐경에 쉽게 적응해서 아주 기뻐요.

밤에도 잠을 잘 자고 있어요.

내 몸은 정말 좋은 친구예요.

우린 함께 근사한 인생을 걸어왔어요.

내 몸이 전하는 메시지를 듣고 적절한 행동을 해야겠어요.

내 몸이 어떻게 작동하는지, 최적의 건강을 유지하려면 어떤 영양소가 필요한지 배워야겠어요.

내 몸을 더 많이 사랑할수록 난 더 건강하다고 느껴요.

내 몸에게 인사를 해요. 이렇게 건강하다니 고맙게 생각해요.

오늘도 아주 건강해 보여요.

완벽하게 건강한 몸을 사랑하는 건 정말 큰 기쁨이에요.

당신의 눈은 세상에서 가장 아름다워요.

당신의 아름다운 몸매를 사랑해요.

당신의 모든 곳을 좋아해요.

당신을 정말로 사랑해요.

나의 몸을 당신이 안아주어서 고마워요.

당신은 근사한 몸을 가졌어요.

오늘도 그렇게 유연하게 내 생활을 도와줘서 고마워요.

당신이 얼마나 우아하고 강한지 보는 것만으로도 사랑할 수밖에 없어요.

어려운 상황에 놓였을 때

나는 사랑으로 이 일을 놓아줍니다. 이미 끝난 일이에요.

다음 순간을 기대하며 바라봅니다.

상쾌하고 새로운 순간이 될 거예요.

오직 좋은 경험만이 내 앞에 놓여 있어요.

어디를 가든 사랑으로 그 장소를 맞이해요.

난 삶을 사랑해요. 그리고 삶은 나를 사랑해요.

모든 것이 잘 되고 있고, 나도 잘 지내요.

모든 것이 나의 최고의 이익을 위해 일하고 있어요.

오직 좋은 일만 생길 거예요. 나는 안전해요.

이 문제가 평화롭게 해결되는 걸 즐길 거예요. 불편한 상황은 빨리
해결될 것이고, 모든 사람이 그 결과에 만족하게 될 거예요.

나의 삶에서 모든 극적인 사건을 떠나보내고 이제 평화에서
에너지를 얻을 거예요.

풍요와 번영을 위하여

어느 방향으로 가든 일도 직장도 잘 될 거예요.

나는 돈을 계속 더 벌 수 있을 거예요.

나의 세계에 있는 모든 사람을 축복하며, 그들의 일이 잘 되기를
바라요. 그리고 나의 세계에 있는 모든 사람이 나를 축복하며 나의
일이 잘 되기를 바라고 있어요.

삶은 나를 사랑해요. 그리고 내게 필요한 모든 것이 언제나
충분해요.

지금 내 삶에서 누리는 모든 좋은 것을 감사하는 마음으로

매 순간 나에게 건네는 긍정의 말들

받아들입니다.

삶은 나를 사랑하고 나를 위한 것들을 마련해주고 있어요.

삶이 나를 돌볼 거라고 믿어요.

나는 풍요로움을 즐겨도 됩니다.

삶은 언제나 내게 필요한 걸 줍니다.

풍요로움은 매일 놀라운 방법으로 내 삶으로 흘러들어옵니다.

삶의 마지막을 준비하며

이 삶의 끝에서 다른 편에 있는 사랑하는 사람들과 다시 연결될 수
있기를 기대합니다.

저는 기쁨과 안락함과 평화를 가슴에 담고 이 삶의 저편으로
여행을 떠날 거예요.

이 여행의 끝에서 사랑하는 사람들을 볼 수 있어서 마음이
설렘니다.

삶의 다른 편에서 저는 오직 사랑과 평화만을 봅니다.

제 앞에는 오직 좋은 것만 놓여 있어요.

저는 안전해요. 저는 사랑받고 있어요.

루이스 헤이의
긍정 확언

옮긴이 최린

고려대학교 독어독문학과 졸업 후 뜻하지 않은 계기로 프랑스에서 오랜 기간 유학 생활을 했다. 파리10대학에서 지정학 DEA(박사준비과정) 학위를 받았으며 마른라발레대학 유럽연합연구소에서 박사과정을 수료했다. 귀국 후 번역을 하며 출판사에 발을 들여놓게 되었고 기획과 편집, 번역을 하며 지금까지 출판과 관련된 일을 하고 있다. 인문과 심리, 마음을 치유하는 책과 지리에 관심이 많다.

옮긴 책으로 《에크하르트 톨레의 이 순간의 나》《리얼 노르딕 리빙》《프랑스 엄마 수업》《매일 조금씩 자신감 수업》《당신의 무기는 무엇인가》《지정학: 지금 세계에 무슨 일이 벌어지고 있는가?》 등이 있다.

루이스 헤이의 긍정 확언

초판 1쇄 발행 2022년 9월 5일

지은이 루이스 헤이·셰릴 리처드슨
펴낸이 정덕식, 김재현
펴낸곳 (주)센시오

출판등록 2009년 10월 14일 제300-2009-126호
주소 서울특별시 마포구 성암로 189, 1711호
전화 02-734-0981
팩스 02-333-0081
메일 sensio@sensiobook.com

편집 최은영
디자인 Design IF

ISBN 979-11-6657-078-0 03190

소중한 원고를 기다립니다. sensio@sensiobook.com